세상을 바꾸는 따뜻한 금융

글 김연희 | 그림 김현영

펴낸날 2022년 7월 28일 초판 1쇄, 2023년 3월 30일 초판 3쇄
펴낸이 신광수 | **CS본부장** 강윤구 | **출판개발실장** 위귀영 | **출판영업실장** 백주현 | **디자인실장** 손현지
아동콘텐츠개발팀 박재영, 박인의 | **출판디자인팀** 최진아, 이서율 | **저작권 업무** 김마이, 이아람
채널영업팀 이용복, 우광일, 김선영, 이채빈, 이강원, 박세화, 김종민, 정재욱, 이태영, 전지현
출판영업팀 민현기, 최재용, 신지애, 정슬기, 허성배, 설유상, 정유
CS지원팀 강승훈, 봉대중, 이주연, 이형배, 이우성, 전효정, 장현우, 정보길
펴낸곳 (주)미래엔 | **등록** 1950년 11월 1일 제16-67호 | **주소** 서울특별시 서초구 신반포로 321
전화 미래엔 고객센터 1800-8890 팩스 541-8249 | **홈페이지 주소** http://www.mirae-n.com

ⓒ 김연희, 김현영 2022

이 책은 무단으로 전재하거나 복제할 수 없습니다.

ISBN 979-11-6841-248-4 73300

책값은 뒤표지에 있습니다.
파본은 구입처에서 교환해 드리며, 관련 법령에 따라 환불해 드립니다. 다만, 제품 훼손 시 환불이 불가능합니다.

세상을 바꾸는
따뜻한 금융

글 김연희 | 그림 김현영

차례

크라우드 펀딩
티끌 같은 도움이 태산 같은 힘으로! ·················· 8

무이자 은행
돈을 빌려줘도 이자를 받지 않아요! ·················· 24

어큐먼펀드
사회적 문제를 해결하는 착한 투자 ·················· 36

지역개발은행
믿음을 빌려드려요 ································ 48

그라민은행
당신의 가난에 투자합니다 ·················· 60

GLS은행
친환경에 투자하는 녹색 은행 ···················· 72

굿 캐피털
선한 아이디어를 응원합니다 ···················· 84

타임뱅크
시간도 저축할 수 있어요 ···················· 96

사회성과연계채권
더 나은 사회로 발전하면 수익이 생겨요 ············ 110

작가의 말 ········ 124

키바(KIVA)는 크라우드 펀딩 플랫폼이에요.
돈이 필요한 사람은 누구나 자신의 이야기를 키바 홈페이지에
소개할 수 있어요. 다만 빌린 돈을 어디에 쓸 것인지 설명하고
돈을 어떻게 갚을 것인지 계획을 세워 공개해야 해요.
투자 또한 누구나 할 수 있어요.
수많은 사람이 키바에서 돈을 빌려 사업을 하거나
교육을 받는 등 보다 나은 삶을 위해 노력하고 있어요.
그 누구도 재촉하지 않지만 키바에서 돈을 빌린 사람들은
거의 모두 착실히 돈을 갚고 있대요. 정말 놀라운 일이지요.

티끌 같은 도움이
태산 같은 힘으로!

모래바람을 뚫고 간 곳

오늘따라 유난히 모래바람이 세게 불어요. 이런 날이면 심장병이 있는 파잘은 조금만 움직여도 숨이 차고 힘들어요. 하지만 파잘은 걸음을 멈출 수 없어요.

파랗게 질린 파잘의 입술을 보며 걱정이 된 친구 압둘라는 잠시 발걸음을 멈췄어요.

"괜찮아? 좀 쉬었다 갈까?"

파잘은 옷깃을 손으로 꼭 여미며 겨우 대답해요.

"아냐, 엄마가 금방 나를 찾을 거야. 서둘러야 해."

다행히 얼마 가지 않아서 압둘라가 걸음을 멈췄어요.

"저 집이야."

　압둘라가 문을 두드리자, 이윽고 누군가 밖으로 나와요. 파잘은 인사도 건너뛰고 다급하게 물어요.

　"정말 아무에게나 돈을 빌려주시나요?"

　문을 열고 나온 아저씨는 잠시 당황해하더니, 금세 표정을 굳히고는 단호하게 말해요.

　"누구에게나 빌려주기는 하지만, 너희 같은 어린아이에게 빌려주지는 않는단다. 얼른 돌아가거라."

　아저씨는 말을 끝내자마자 문을 쾅 닫아 버렸어요. 아무리 문을 두드려도 열어 주지 않아서, 파잘은 내일 다시 와야겠다고 다짐해요. 팔레스타인은 이스라엘과 분쟁 중이라 모두들 형편이 어렵다 보니, 이제 돈을 빌릴 수 있는 곳이 거의 없거든요.

파잘이 집에 들어가자 엄마가 걱정스레 말씀하세요.

"어디 갔던 거니, 몸도 성치 않은 애가. 숨 쉬는 건 괜찮아? 오늘처럼 모래바람이 심한 날에는 안전하게 집에 있으렴. 자칫하면 심장병이 더 나빠질 수 있으니까 늘 조심해야 한단다. 어서 들어가서 저녁 먹자."

오늘따라 저녁 식사가 근사하게 차려져 있어요. 무슨 좋은 일이 있는 걸까요?

"네가 심장 수술을 받을 수 있게 됐어. 알쉬파 병원에서 연락이 왔단다."

엄마의 얼굴이 환하게 밝아요. 아빠도 함박웃음을 지으며 엄마의 말을 거들어요.

"알쉬파 병원에서 만났던 한국인 의사 선생님 생각나니? 그분이 도움을 주셨어."

이스라엘과 오랫동안 전쟁 중인 팔레스타인 가자 지구는 의료 시설과 의사들이 부족해요. 그래서 전쟁이나 전염병으로 고통받는 가난한 나라의 아픈 사람들을 도와주는 단체인 '국경 없는 의사회'의 도움을 받고 있어요. 알쉬파 병원도 그런 곳 중 하나예요. 심장병 때문에 여러 병원을 전전하던 파잘이 마지막으로 찾은 곳이 알쉬파 병원이었어요. 하지만 마땅한 수술 시설이 없어서 아무것도 할 수 없었지요.

"그때 의사 선생님이 한국 대사관에 방법을 찾아 달라고 간곡히 부탁하셨다는구나."

파잘도 안타까워하던 의사 선생님의 얼굴이 생생히 기억나요. 하지만 방법을 찾아보겠다는 약속을 진짜로 지킬 거라고는 꿈에도 생각하지 않았어요. 파잘은 수술을 받을 수 있다는 게 너무 기뻤어요. 하지만 형편도 어려운데 자신의 병원비를 마련해야 할 부모님을 생각하니 마음이 편치 않았어요.

키바에서 돈을 빌려주는 방법

다음 날, 파잘은 다시 아저씨 집으로 향했어요. 어제보다 모래바람이 세게 불었지만, 어쩔 수 없어요. 반드시 돈을 빌려야 하거든요. 아저씨 집 앞에 도착한 파잘은 조심스럽게 문을 두드려요. 문을 열고 나온 아저씨는 파잘을 보자마자 말 한마디 하지 않고 곧바로 문을 닫아 버리려고 하세요.

"아저씨, 잠… 잠시만…요."

파잘은 가쁘게 숨을 몰아쉬다 자리에 털썩 주저앉았어요.

"괜찮니, 얘야?"

아저씨가 걱정스럽게 물어요. 압둘라도 안절부절못하며 파잘을 지켜보고 있어요.

"괜찮아요. 호흡이 가빠서 잠깐 어지러웠어요."

파잘의 말에 아저씨는 안심한 기색이에요. 아저씨는 조금 누그러진 얼굴로 파잘에게 돈이 왜 필요한지 물었어요.

"몸도 좋지 않은데 여기까지 온 것을 보니, 돈이 꼭 필요한 모양이구나. 그래, 어디 한번 들어나 보자. 어린아이인 네가 돈을 빌리려는 이유가 뭐니?"

"아빠가 세탁소를 하시는데, 기계가 자꾸 고장 나요. 제대로 고치려면 돈이 필요해요. 제 병원비를 대느라 기계를 못 고치고 계시거든요."

아저씨가 턱을 매만지며 물었어요.

"흠… 너희는 여기가 무슨 일을 하는 곳인지 알고 있니?"

"그럼요! '키바'잖아요. 우리처럼 어려운 사람들에게 돈을 빌려주는 곳이라던데요?"

압둘라의 말에 아저씨는 고개를 끄덕였어요.

"맞아. 하지만 그 돈은 내가 아니라, 세계 여러 나라 사람들이 빌려주는 거야. 빌려줄 수 있는 돈은 한 사람당 최대 25달러란다. 네가 필요한 만큼 돈을 모으려면 그만큼 여러 사람이 필요하지. 여러 사람의 돈을 모으는 건 네가 얼만큼 노력하느냐에 달렸어."

돈이 왜 필요한지 그 사람들에게 설명해야 하거든.

아저씨의 이야기를 들은 압둘라는 파잘의 옷을 끌어당겼어요. 돌아가자는 뜻이었지요. 하지만 파잘은 그냥 돌아갈 수 없었어요.
"어떻게 해야 하는지 더 자세히 알려 주세요, 아저씨!"

파잘은 아저씨의 이야기가 어렵기는 했지만, 여러 번 설명을 듣다 보니 조금 이해할 수 있었어요. 물론 어려운 이야기가 나오면 꼬치꼬치 질문하기도 했지요.

"내일 아빠와 다시 와도 될까요? 우리 집은 키바의 도움이 꼭 필요하거든요."

다음 날, 파잘은 아빠를 설득해 아저씨의 집으로 갔어요. 아빠는 아저씨를 보며 멋쩍게 웃었어요.

"파잘에게 이야기를 들었습니다. 그런데 좀 믿기 어려워요. 우리를 어떻게 믿고 돈을 빌려준다는 건지…. 제가 직접 들어 보는 게 나을 것 같아서 찾아왔어요."

"잘 생각하셨습니다. 이걸 한번 보시겠어요?"

아저씨는 키바 홈페이지를 보여 주며 키바에서 어떤 방법으로 돈을 빌리고 갚는지 상세하게 설명해 줬어요. 아빠도 그제야 믿음이 생겼는지 고개를 끄덕이세요.

집으로 돌아가는 길에 아빠가 말했어요.

"파잘, 고맙다. 사실 말은 안 했지만 걱정이 많았단다. 네가 수술을 받을 수 있어서 기쁘면서도, 세탁소 기계가 고장 나서 돈을 벌지 못하니까 네 수술비를 어떻게 마련해야 할지 막막했거든. 이제 방법을 알았으니 걱정하지 않아도 되겠어."

파잘은 아빠의 손을 꼭 잡아 주었어요.

아빠의 세탁소를 도와주세요!

저는 팔레스타인에 사는 파잘이에요. 우리 아빠는 세탁소를 운영하세요. 그런데 자꾸 세탁기가 고장이 나요. 기계가 엄청 오래됐거든요. 게다가 전기가 자주 끊겨서 갑자기 먹통이 되기 일쑤예요. 아빠는 기계가 고장 나면 일을 할 수 없어서 돈을 벌지 못한다며 걱정하세요.

최근에는 걱정이 더 늘어나셨어요. 제가 심장 수술을 받게 되었기 때문이지요. 분명 아주 기쁜 일이지만, 수술비가 많이 들 게 뻔하잖아요. 엄마 아빠는 괜찮다며 큰소리 치시지만, 저 몰래 한숨짓는 어두운 얼굴을 보면 수술을 받게 되었다고 마냥 좋아할 수만은 없어요. 그래서 도움을 요청합니다.

요즘 팔레스타인 가정집에서는 전기 부족 문제를 해결하기 위해
태양광 전지를 설치하는 곳이 늘어나고 있어요. 낡은 기계를 고치고
태양광 전지를 달면 우리 세탁소도 멈추지 않고 부지런히 일할 수 있을
거예요. 그러기 위해서는 3000달러가 필요해요. 많은 돈이지요.
게다가 금방 갚을 수도 없을 거예요. 제 수술비를 모아야 하거든요.
그래도 5년 안에는 모두 갚을 수 있을 거라고 아빠가 말씀하셨어요.
수술을 받고 나면 저도 아빠를 도울 수 있기 때문에
더 빨리 갚을 수도 있을 거예요.

　키바에 글을 올린 지 석 달이 지났어요. 그사이 파잘의 집에는 좋은 일이 많이 생겼어요. 아빠는 세탁소의 낡은 기계를 고치고 태양광 전지를 달았어요. 일감이 몰려들어도 기계가 멈추는 일 없이 일할 수 있게 되었다며 기뻐하세요. 파잘은 심장 수술을 받았어요. 국경 없는 의사회의 의사 선생님들은 물론 키바에 기부해 준 여러 고마운 분들 덕분이었지요. 아직 친구들처럼 마구 뛰어다닐 수는 없지만, 이제는 빨리 걸어도 숨이 차지 않아요.

　오늘도 파잘은 세탁소에서 심부름을 하고 있어요. 그런데 압둘라가 친구들과 축구하는 데 골키퍼가 필요하다며 찾아왔어요.

"세탁소는 걱정 말고 어서 가렴!"

아빠의 재촉에 파잘은 압둘라와 함께 세탁소를 나와 친구들이 축구하는 곳으로 향해요.

"그때 키바에 가길 잘한 것 같아. 우리를 전혀 알지 못하는 사람들의 도움을 받았다는 게 신기하지 않아? 그것도 전 세계 곳곳에서 말이야!"

압둘라도 고개를 끄덕이며 말했어요.

"맞아. 인터넷이 정보만 찾는 게 아니라, 누군가를 돕는 데 큰 힘이 된다는 게 정말 신기해."

크라우드 펀딩이란 무엇일까?

크라우드 펀딩이란, 소셜 미디어나 인터넷을 통해 여러 사람이 조금씩 돈을 모아 투자하는 방법이에요. 키바도 크라우드 펀딩 중 하나이지요. 종류도 다양해요. 신기하고 재미있는 상품을 만들겠다며 투자를 받기도 하고, 재미있는 영화를 만들기 위해 돈을 모으기도 해요. 뮤지컬 <페스트>와 영화 <인천 상륙 작전>은 이렇게 투자를 받아 큰 수익을 냈답니다. 우리나라의 대표적인 크라우드 펀딩 플랫폼인 와디즈에 들어가 보면 여러 가지 재미있고 신기한 제품이 많아요. 할아버지 할머니의 일자리를 마련하거나 청소년들의 홀로서기를 돕는 데 작은 도움을 주면, 목걸이나 우산 같은 소소한 기념품을 선물하는 네이버의 해피빈도 빼놓을 수 없지요. 국경 없는 의사회나 월드비전, 세이브더칠드런 같은 비영리단체들도 카카오 스토리펀딩을 통해 도움이 필요한 사람들의 이야기를 소개해 사람들의 관심을 모으고 있답니다.

금융과 기술의 만남, 핀테크

IT 기술이 발전하면서 우리 삶은 여러모로 편해졌어요. 모바일과 SNS, 빅 데이터 등 다양한 기술이 금융과 만나 모바일 뱅킹이나 앱 카드 등 새로운 형태의 금융 기술로 탈바꿈했어요. 어른들이 스마트폰으로 저금을 하거나 돈을 빌리고 물건을 사는 것을 봤을 거예요. 이렇게 금융과 기술이 합쳐진 것을 핀테크(FinTech)라고 해요. 키바의 고마운 분들도 파잘을 직접 만나 돈을 건네준 게 아니라 키바 사이트를 통해 도움을 주었어요. 손가락을 몇 번 움직이는 것만으로 예쁜 옷을 사거나 용돈을 저금하고 먼 나라의 어려운 사람에게 도움을 줄 수 있다니 정말 신기한 세상 아닌가요?

은행은 사람들이 돈을 예금하면, 그 돈을 다시 필요한 사람이나
기업에 빌려주는 곳이에요. 돈을 저축하는 사람은 이자를 받아서 좋고,
돈이 필요한 사람은 어려운 상황을 해결할 수 있어서 좋죠.
은행도 돈을 빌려준 사람에게 이자를 받아서 이득을 챙길 수 있어요.
그런데 스웨덴의 야크은행은 돈을 빌려도 이자를 받지 않아요.
사람들은 이자를 주지 않는데도 야크은행에 저축을 하고,
이렇게 쌓인 돈을 필요한 이들에게 무이자로 빌려주지요.
평범한 소시민들이 힘을 모아 만든 무이자 저축·대출 은행인 야크은행은
믿음을 바탕으로 모두가 잘사는 미래를 일궈 나갈 수 있음을 보여 줘요.

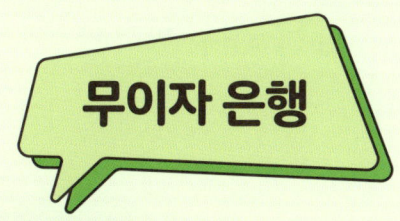

무이자 은행

돈을 빌려줘도 이자를 받지 않아요!

아역 배우 오디션

열한 살 동갑내기 레이나와 케네트는 배우가 되는 게 꿈이에요. 평소 배우들의 멋진 연기를 따라 하며 언젠가 진짜 배우가 될 날을 꿈꾸고 있답니다. 어느 날, 레이나는 깜짝 놀랄 소식을 들었어요. 아역 배우 오디션이 열린다는 소식이었지요. 드디어 꿈에 한 발짝 다가설 수 있다는 생각에 레이나의 가슴은 콩닥콩닥 뛰어요.

"케네트, 오디션 소식 들었어? 야크은행이란 곳의 홍보 영상을 유명한 감독님이 찍는대. 이번에 눈에 띄면 영화에 출연할 수 있을지도 몰라."

그런데 케네트는 문득 궁금해졌어요.

"그런데 왜 영화감독님이 영화는 찍지 않고 은행 홍보 영상을 찍는 거야? 유명한 감독님이시라면서?"

오디션을 준비하며 이미 야크은행에 대해 알아본 레이나는 조금 으쓱한 마음으로 설명해 주었어요.

"야크은행은 돈이 없는 사람에게 무이자로 돈을 빌려주는 곳이야. 회원으로서 야크은행의 좋은 취지를 널리 알리고 싶으셨대. 일종의 재능 기부지."

"이자를 받지 않는다고? 그러면 은행이 망하지 않아?"

"야크은행은 저축한 사람에게 이자를 주지도, 돈을 빌리는 사람에게 이자를 받지도 않아. 내가 저축한 돈을 누군가 무이자로 빌려 가고, 나중에 내가 돈이 필요해지면 무이자로 돈을 빌려 갈 수도 있어. 은행들이 대출로 엄청난 이익을 벌어들이는 데 반발해서 시민들이 만든 협동조합 은행이야. 미래의 야크은행 홍보 모델이 되기 위해 열심히 공부했지!"

레이나의 설명에 케네트가 고개를 끄덕이며 말했어요.

"그런 좋은 곳의 홍보 모델이라니 나도 오디션을 꼭 보고 싶어."

며칠 후, 마을 회관에서 오디션이 열렸어요.

레이나는 테이블에 놓인 치즈 케이크를 한 입 크게 떠먹은 후 대사를 말했어요.

"와! 치즈 케이크 맛이 환상적이에요. 엄청나게 비싼 재료를 쓴 것 같은데, 이렇게 싸게 팔면 손해 아닌가요? 금방 망해 버리면 어떡해…."

발을 동동 구르며 연기를 하는 레이나를 보며 엄마 역할을 맡은 배우가 대사를 이어 나갔어요.

"카페 사장님이 야크은행에서 무이자로 돈을 빌려서 좋은 재료에 투자를 할 수 있으셨대. 그래서 가격도 비싸지 않게 받는 거야. 일반 은행은 이익을 추구하는 게 당연하지만, 더불어 사는 세상을 만들기 위해서는 수익보다 중요한 게 있다고 생각하는 사람들이 있단다. 야크은행은 이런 사람들이 모여 만들어진 은행이야. 회원들은 당장 이자를 받지 못해도 나중에 돈을 빌릴 때 이자를 내지 않아도 되니 만족스러워한단다."

레이나는 고개를 크게 끄덕이고는 치즈 케이크를 포크로 큼직하게 자르며 마지막 대사를 했어요.

"서로 돕는 은행이라니 정말 멋진데요. 제 용돈도 꼭 야크은행에 저축할래요."

감독님이 벌떡 일어나며 박수를 치세요.

"오케이 컷! 레이나라고 했지? 연기가 자연스럽고 좋구나."

레이나는 감독님의 칭찬에 우쭐해졌어요. 미소를 감추지 못하며 얼른 무대에서 내려와 케네트에게 다가가요. 케네트는 오디션이 처음이라 잔뜩 긴장한 얼굴이에요.

"잘 해낼 수 있을 거야. 연기가 아니라 진짜 엄마랑 카페에 왔다고 상상해 봐."

새로운 기회, 야크은행

　며칠 뒤, 오디션 결과가 발표됐어요. 합격자는 레이나였어요. 그런데 그 뒤로 단짝 친구 케네트와 좀 서먹해졌어요. 오늘은 꼭 케네트를 붙잡고 왜 서먹하게 구는지 물어봐야겠어요. 꿈도 중요하지만, 우정은 더 소중하거든요.

　"케네트, 요즘 나한테 왜 그러는 거야?"

　"내가 뭘?"

　케네트는 아무 일도 없는 것처럼 말하지만, 레이나를 피하려는 기색이 역력해요.

　"오디션 결과가 발표되고 나서 날 계속 피해 다니잖아. 내가 뽑힌 게 화가 난 거야? 대체 왜 그러는 거야? 나랑 정말 절교할 거니?"

　그런데 케네트가 갑자기 펑펑 우는 거예요.

갑자기 왜 울어? 무슨 일 있니?

아빠가 병원에 입원하셨어. 병원비가 필요해.

"사실은 아빠가 병원에 입원한 지 꽤 오래되셨어. 오디션에 뽑히면 병원비를 마련하는 데 조금이라도 도움이 될 수 있었을 텐데. 그런 생각을 하다 보니 네가 조금 밉기도 했어. 네가 정말 싫어진 건 아니야. 그냥 너무 속상해서 그랬어. 미안해."

"그런 사정이 있었구나. 아, 야크은행이 있잖아! 야크은행의 도움을 받는 게 어때?"

"맞아. 야크은행이 있었지! 바로 돈을 빌릴 수 있을까?"

케네트가 두 눈을 반짝이며 레이나를 바라봤어요.

"아쉽게도 그건 아니야. 야크은행에서 대출을 받으려면 저축 포인트가 필요해. 저축 포인트는 가입하고 나서 6개월 정도 꾸준히 쌓아야 하고."

"조합원 자격이 갖춰지길 기다려야 하는 거구나?"

"맞아. 예를 들어 6개월 동안 1만 크로나를 저축하면 1만 포인트가 쌓여. 그때부터는 1만 크로나를 1년 동안 빌릴 수 있어. 5000크로나를 2년 동안 빌려도 되고."

"저축 포인트보다 많은 돈이 필요하면 어떻게 해? 게다가 우리 집은 지금 당장 돈이 필요한걸. 6개월이나 기다릴 여유가 없어."

"괜찮아. 회원으로 가입하자마자 돈을 빌려야 한다면 빌린 돈을 갚으면서 저축도 하는 방식을 이용하면 돼. 1만 2000크로나를 1년간 빌렸다면 매달 1000크로나씩 갚고 1000크로나씩 저축하는 거야. 1년 후에 돈을 다 갚으면 마이너스였던 저축 포인트가 0이 되겠지. 물론 예금 계좌엔 1만 2000크로나가 모여 있고 말이야."

레이나의 말에 케네트의 얼굴이 환해졌어요.

"정말 좋은 방법이다! 오늘 저녁 엄마께 야크은행에 대해 설명 드려야겠다."

6개월 후, 레이나와 케네트는 함께 대본을 외우며 연극 준비를 하고 있어요. 다행히 이번에는 둘 다 무대에 오르게 됐답니다.

"후유, 대본이 너무 안 외워진다. 너는 어때, 케네트?"

"나도 마찬가지야. 이따 수업 끝나고 대사를 맞춰 볼래? 참, 고맙다는 인사를 안 했네. 그때 야크은행에서 돈을 빌려서 아빠가 무사히 치료받으실 수 있었어. 우리 엄마랑 아빠는 야크은행의 팬이 돼 버렸지. 지난 주말부터는 야크은행 공부 모임에도 나가셔."

케네트의 밝은 얼굴을 보며, 레이나는 정말 다행이라고 생각했어요.

"내가 배우로 성공하면 꼭 야크은행의 홍보 대사가 될 거야."

"좋아. 누가 먼저 배우로 성공해서 야크은행의 홍보 대사가 될지 두고 보자고. 그러려면 이번 연극부터 멋지게 해내야겠지?"

레이나와 케네트는 환하게 웃으며 대본을 들어 보였어요.

"정말? 우리 더 잘해야겠다. 얼른 연습하자!"

둘은 서로 자신의 대본을 들고 연습을 시작했어요.

이자와 금리란 무엇일까요?

사람들은 은행에 저금해서 목돈을 만들어요. 그밖에 세금을 내거나 멀리 떨어져 있는 할머니 할아버지께 용돈을 보내기도 하고, 해외여행을 떠날 때 우리나라 돈을 외국 돈으로 바꾸기도 하지요. 하지만 은행이 하는 가장 중요한 일은 돈이 필요한 사람과 돈을 모으려는 사람을 연결해 주는 거예요. 그래서 은행은 어떤 이익을 얻을까요? 그 답은 바로 이자에 있어요. 은행에 예금한 사람에게 5% 정도 이자를 준다면, 돈을 빌린 사람에게는 10% 정도 이자를 받는답니다. 5% 포인트 정도 차이가 나지요? 이것이 바로 은행의 몫이에요. 여기서 5%, 10% 등의 수치를 금리라고 하는데 이자를 얼마나 받을지 백분율로 정한 거예요.

다음 달부터 은행 금리가 2% 오르겠습니다.

기존 금리 8%에 2% 포인트가 더해져서 이자율이 10%가 됐네. 1000만 원을 저축하면 1년 뒤에 1100만 원이 되겠구나.

금리가 10%가 되어서 1000만 원을 빌리면 1100만 원을 갚아야 하네.

*이해하기 쉽게 예금 이자와 대출 이자가 같다고 가정했어요.

협동조합이란?

협동조합은 비슷한 목적을 가진 사람들이 모여 경제적 이익을 추구하기 위해 만든 단체예요. 일반 기업과 달리 공익적 가치와 책임을 중요하게 생각하지요. 아름다운 가게처럼 사회적으로 도움이 되는 일을 하는 사회적 협동조합, 좋은 물건을 값싸게 공급하는 한살림 같은 소비자 협동조합, 썬키스트나 서울우유 같은 생산자 협동조합 등이 있어요. 야크은행은 금융 협동조합이에요. 우리나라의 농협이나 수협, 새마을금고도 금융 협동조합이지요. 협동조합 은행은 일반 은행과 달리 특정한 자격을 갖춘 사람만 조합원이 될 수 있어요. 농협은 농업인, 수협은 어업인, 새마을금고는 해당 지역에 사는 거주자만 조합원이 될 수 있어요. 물론 조합원이 아닌 사람도 일반 은행처럼 이용할 수 있지만, 저렴한 이자로 돈을 빌리거나 적금 금리를 높게 받는 혜택을 누리려면 조합원이어야만 해요.

협동조합 은행

벤처 캐피털이란 말을 들어 봤나요? 뛰어난 기술을 지녔지만
자본이 부족한 벤처 기업에 투자하는 금융 기관이에요.
수익을 내는 것도 중요하지만, 선한 영향력을 발휘하는
사회적 기업에 투자해 사회를 돕는 금융 기관도 있어요.
'어큐먼펀드'가 바로 그런 곳이지요.
창립자 재클린 노보그라츠는 단순히 돈을 기부하는 것만으로는
문제를 해결할 수 없다고 생각했어요. 그보다는 세상을 좋게
만드는 기업에 투자해 어려움에 처한 사람들의 환경을 개선하는 게
빈곤을 해결하는 방법이라고 생각했지요.

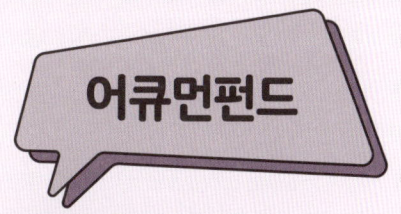

사회적 문제를 해결하는 착한 투자

모기가 옮기는 무서운 병, 말라리아

학교를 마치고 집에 돌아가는 자네트의 얼굴은 잔뜩 그늘이 졌어요. 동생 아네시가 말라리아에 걸려 많이 아프거든요. 자네트가 사는 아프리카 탄자니아에는 말라리아에 걸린 사람들이 너무 많아요. 말라리아는 모기가 옮기는 감염병으로, 1년 내내 탄자니아 사람들을 더 괴롭혀요. 특히 우기가 지나고 나면 모기가 극성을 부리지요. 자네트도 말라리아를 앓은 적이 있어서 그 병이 얼마나 무서운지 잘 알아요. 자칫 치료가 늦어지면 죽을 수도 있어요.

동생 걱정을 하느라 자네트는 자전거를 보지 못하고 부딪혀 넘어졌어요. 자전거를 타고 있던 외국인 여자가 후다닥 다가와요.

"어머, 괜찮니? 무릎에서 피가 나는데…."

낯선 여자의 걱정스러운 얼굴을 보자 자네트의 마음은 더욱 우울해져요. 눈물이 나오려는 걸 꾹 참고 자네트는 퉁명스럽게 짜증을 냈어요.

"이런 고통쯤은 말라리아에 비하면 아무것도 아니에요."

발끈하는 자네트를 보며, 여자는 조심스럽게 말했어요.

"그래, 말라리아는 아주 무서운 병이지. 어쩌면 우리가 이렇게 만난 건 운명인지도 모르겠구나. 나는 말라리아를 없애기 위해 탄자니아에 왔거든."

자네트는 그 말을 도무지 믿을 수 없어요.

"말라리아를 없앤다고요? 말도 안 돼. 어떻게요?"

"흠…, 나는 제냐라고 해. 지금은 급한 회의가 있어서 빨리 가 봐야 되거든. 혹시 내일 이 시간에 여기서 다시 만날 수 있을까? 말라리아를 없앨 수 있는 방법을 알려 줄게."

여자는 자네트를 일으켜 준 뒤 바삐 사라졌어요.

다음 날 수업이 끝나자마자 자네트는 제냐 아줌마를 만났던 곳으로 뛰어갔어요. 하지만 그곳에는 아무도 없었어요.

'혹시 안 나타나는 거 아냐? 보나마나 거짓말인 게 틀림없어.'

말도 안 되는 소리에 어처구니없이 속아 버린 게 너무 화가 나요. 그때 저 멀리서 허겁지겁 달려오는 제냐 아줌마가 보였어요.

"왔구나. 어제는 이름도 물어보지 못했네. 네 이름은 뭐니?"

"제 이름은 자네트예요."

"그래. 반갑구나, 자네트. 우선 내 소개를 할게. 나는 '어큐먼펀드'라는 회사에 다녀. 세계적인 기업들에서 기부금을 받아 가난한 국가의 어려움을 해결하는 업체를 돕는 회사야."

자네트는 고개를 갸웃거렸어요.

"그래서요? 그게 말라리아랑 무슨 상관이에요?"

"탄자니아에선 말라리아가 큰 문제잖아. 우리 회사는 말라리아를 옮기는 모기를 막을 수 있는 살충제 모기장을 탄자니아에서 생산하기 위한 프로젝트를 진행하고 있어."

자네트는 그제야 이해했어요. 지금 쓰는 모기장은 살짝만 밟아도 쉽게 찢어지고 밤에 화장실에 가느라 들락거리기라도 하면 금세 모기가 들어오거든요.

"그 모기장으로 말라리아를 없앤다는 거군요?"

"그래. 하지만 살충제 모기장은 스미모토라는 일본 회사가 개발

한 특수 기술로 만들어야 해서, 기술료가 비싸. 어큐먼펀드로서는 투자하기가 망설여지는 일이지."

자칫하면 프로젝트가 진행되지 않을 수도 있다는 생각에 자네트의 얼굴이 어두워져요. 제냐 아줌마는 씩 웃으며 말했어요.

"너무 걱정하지 말렴. 탄자니아 사람들이 말라리아 때문에 얼마나 큰 위험에 처해 있는지 잘 설명하면 되니까. 아, 그래. 자네트, 네 진심을 담은 이야기가 사람들을 설득하는 데 도움이 될 것 같아."

자네트는 얼른 고개를 끄덕였어요. 이렇게 중요한 일을 도울 수 있다니 왠지 뿌듯한 마음도 들었어요.

살충제 모기장을 위하여

자네트는 자신의 이야기를 정리해 제냐 아줌마에게 메일로 보내기로 했어요. 컴퓨터는 학교 것을 쓰면 될 거예요. 다음 날 선생님의 허락을 받고 컴퓨터실을 써도 되지만, 혹시라도 제냐 아줌마 마음이 바뀌면 어떡해요. 자네트는 새벽 어둠을 헤치고 학교로 갔어요. 커다란 돌멩이를 들어 유리창에 던지며 자네트는 생각했어요.

'이건 엄청 잘못된 행동이야. 하지만 말라리아 걱정을 하지 않을 수 있게 된다면…. 내일 선생님께 솔직히 말씀드리자.'

유리창이 깨지는 소리에 겁이 났지만, 숨을 크게 쉬고는 컴퓨터실로 몰래 들어갔어요. 제냐 아줌마에게 메일을 보낸 뒤 컴퓨터를 끄려는데, 자네트의 머릿속에 스미모토 회사가 떠올랐어요. 어큐먼 펀드 사람들을 설득하더라도 정작 특허 기술을 가진 스미모토 회사가 도와주지 않으면 프로젝트는 성공할 수 없을 거예요. 자네트는 스미모토 회사 홈페이지에 적혀 있는 메일로 말라리아 때문에 고통받는 친구들과 자신의 이야기를 정리해서 보냈어요. 그때 누군가 자네트의 뒷덜미를 덥석 잡아 쥐었어요.

"유리창을 깬 게 네 녀석이구나!"

"죄송해요, 아저씨. 하지만 그럴 만한 사정이 있었어요."

자네트는 경비 아저씨에게 왜 창문을 깨고 학교에 몰래 숨어들었는지, 왜 컴퓨터를 써야 했는지 설명했어요. 그러자 아저씨의 화난 얼굴이 조금 누그러진 것처럼 보였어요.

"그래도 이건 잘못된 행동이란다. 위험할 수도 있었고. 다음부터는 선생님이나 나에게 솔직하게 말하렴. 그러면 컴퓨터실 문을 열어 줄 수도 있어. 알겠니?"

자네트는 알겠다며 고개를 끄덕였어요.

한 달 후, 말라리아로 입원했던 자네트의 동생 아네시가 퇴원했어요. 다행히 큰 후유증 없이 말라리아를 이겨 냈지요. 아빠의 부축을 받아 힘없이 걸어가는 아네시를 보며 엄마가 말씀하셨어요.

"모기장을 여러 개 사 둬야겠어요. 망가지면 바로 바꾸게요."

아빠가 허허 웃으며 말씀하세요.

"그럴 필요 없어요. 어큐먼펀드의 도움으로 우리 회사에서 살충제 모기장을 만든다고 하니 그거 하나만 있으면 돼요. 특수한 살충제 성분이 조금씩 스며 나와 모기를 쫓는 데다가 엄청나게 튼튼하거든요. 지금 한창 공장을 짓고 있으니, 더 이상 모기에게 물릴 걱정은 안 해도 될 거예요."

제냐 아줌마의 프로젝트가 성공한 거예요. 자네트는 너무 기뻐 학교로 뛰어갔어요.

"아저씨, 컴퓨터 좀 쓰게 해 주세요. 꼭 보내야 할 메일이 있어요!"

메일에 로그인해 보니 제냐 아줌마의 메일이 와 있었어요.

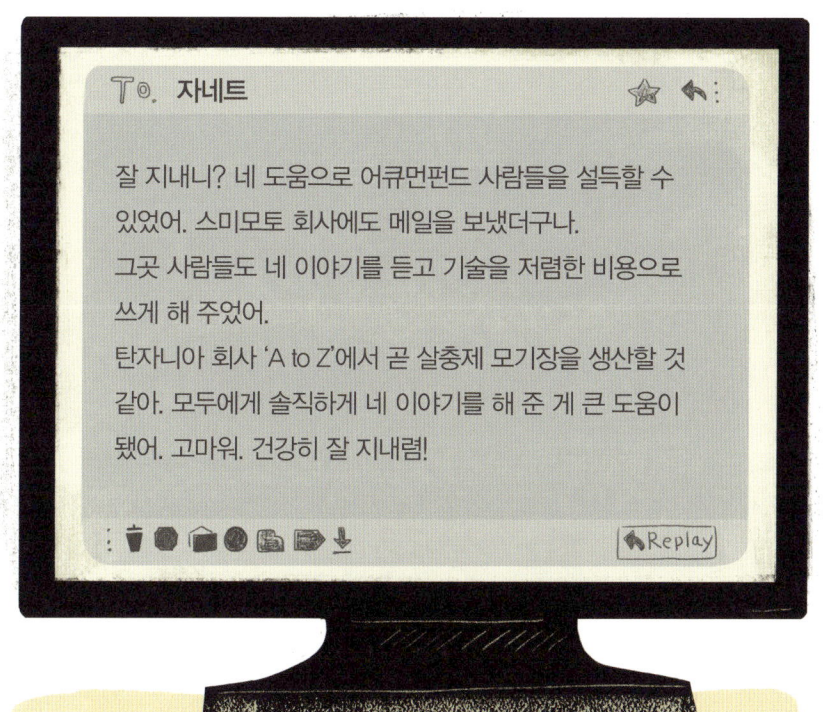

To. 자네트

잘 지내니? 네 도움으로 어큐먼펀드 사람들을 설득할 수 있었어. 스미토모 회사에도 메일을 보냈더구나. 그곳 사람들도 네 이야기를 듣고 기술을 저렴한 비용으로 쓰게 해 주었어.
탄자니아 회사 'A to Z'에서 곧 살충제 모기장을 생산할 것 같아. 모두에게 솔직하게 네 이야기를 해 준 게 큰 도움이 됐어. 고마워. 건강히 잘 지내렴!

Replay

펀드란 무엇일까요?

펀드란 말을 들어 본 적 있나요? 어른들의 대화나 은행에 붙어 있는 안내문에서 접해 봤을 거예요. 쉽게 말해 펀드는 특정한 목적을 가지고 여러 사람에게 돈을 모으는 거예요. 펀드는 크게 투자형 펀드와 기부형 펀드로 나뉘어요. 은행에서 말하는 펀드는 여러 사람의 돈을 모아 기업에 투자하는 '투자형 펀드'예요. 금융 기관이 판매하는 상품에 가입하면 투자 전문가들이 대신 여러 기업에 투자하고 이익이 발생하면 배당금을 나눠 줘요. 예를 들어, 석유 시추 펀드에 투자했는데, 수익률이 10%라면 자신이 투자한 금액의 10%를 배당받을 수 있지요. '기부형 펀드'는 학교를 세우거나 불우 이웃을 돕기 위해 모금하는 것처럼 누군가를 돕기 위한 목적으로 돈을 모으는 거예요. 최근에는 투자형 펀드이지만 이익의 일부를 기부하는 형태의 기부형 펀드도 많이 만들어지고 있어요.

인내 자본과 모험 자본

세상에 없는 새로운 기술을 개발하고 사업체를 만드는 데는 어마어마한 돈이 들어요. 이럴 때 누군가 큰돈을 투자해 준다면 얼마나 좋을까요?
'인내 자본'은 오랜 투자 기간을 기다려 주는 자금이에요. 어큐먼펀드는 모기를 막아 주는 살충제 모기장을 만드는 회사나 깨끗한 물을 제공하는 식수 공급 업체에 투자하고 있어요. 이런 곳은 쉽게 수익이 나지 않지요. 우주선을 만들거나 인공 지능, 바이오 기술 등 신기술을 개발하는 데도 흔들리지 않는 믿음으로 투자하고 기다려 줄 수 있는 자본이 필요해요. 경쟁력 있는 유망한 기술을 개발하는 데 성공해도 부족한 자금 때문에 어려움을 겪는 벤처 기업들이 많아요. '모험 자본'은 이런 기업들에 투자하는 자본이에요. 성공하면 엄청난 수익을 얻을 수 있지만, 실패하면 투자금이 모두 사라질 수도 있지요.

1970년대 미국 시카고는 부자들이 사는 북쪽과 가난한 사람들이 사는
남쪽으로 확연히 갈라져 있었어요. 같은 도시인가 싶을 정도로
다른 모습이었지요. 당시 은행들에는 커다란 지도가 걸려 있었는데,
가난한 사람들이 사는 마을에는 빨간 선이 쳐져 있었어요.
빨간 선 안의 주민들은 돈을 못 갚을 가능성이 높다는 이유로
은행에서 돈을 빌리기가 굉장히 어려웠어요. 이렇게 가난한 마을은
더욱 가난해졌어요. 하지만 쇼어은행의 생각은 달랐어요.
이들은 가난한 마을에 돈이 돌아야 사람들이
어려운 환경을 이겨 낼 수 있다고 믿었어요.

지역개발은행

믿음을 빌려드려요

마을에 나타난 이상한 아저씨

미국 시카고 북쪽에는 호화로운 저택이 모여 있고, 남쪽은 같은 도시인가 싶을 정도로 집들이 초라해요. 최근에는 가난한 마을 사람들에게 돈을 빌려주었다가 떼일까 봐 시카고 남쪽에 하나 남은 은행마저 떠나 버렸어요. 그런데 얼마 전부터 이상한 아저씨가 마을에 어슬렁거린다는 소문이 돌기 시작했어요.

토미는 이 마을에 살고 있어요. 다른 집들처럼 아빠는 직업이 없고, 엄마가 여기저기서 아르바이트를 해 근근이 살고 있어요.

학교 수업이 끝났지만, 토미는 집 대신 마을 광장으로 느릿느릿 걸어가요. 저녁이 되면 악기를 들고 나오는 형과 누나들의 공연을 구경하며 시간을 보낼 생각이거든요. 그때 동네 사람들에게 말을 붙이고 다닌다는 그 이상한 백인 아저씨가 토미 옆으로 쓱 다가와 말을 걸어요.

"안녕, 꼬마야. 늦은 시간인데 집에 가야 되는 거 아냐? 부모님이 걱정하시겠다."

"그럴 리 없어요. 회사를 그만둔 뒤로 아빠는 맨날 화만 내거든요."

"그래? 그런 일이라면 아저씨가 도와줄 수 있을 것 같구나. 아버지를 뵙게 해 줄래?"

어둑해질 무렵 집에 도착한 토미를 보고 아빠는 야단을 치다가 토미 뒤에 서 있는 낯선 백인 아저씨를 보고는 화들짝 놀랐어요. 아저씨는 상냥하게 웃으며 아빠에게 인사를 했어요.

"저는 사우스쇼어은행 직원 잭이에요. 아버님을 도와드리려고 찾아왔어요."

아빠는 은행이란 말을 듣자마자 벌컥 화를 냈어요.

"무슨 사기를 치려는 거야? 이 동네 흑인들이 얼마나 가난한지 못 봤소? 있던 은행도 문을 닫는 판에 우리를 도와주겠다고?"

"우리 은행은 인종이나 직업에 차별을 두지 않고 어려운 사람들에게 돈을 빌려드려요. 아버님이 가장 잘하는 건 뭔가요?"

"학교도 제대로 다니지 못했는데 잘하는 일이 있겠소?"

그때 토미가 나섰어요.

"우리 아빠는 핫도그를 정말 맛있게 만들어요! 아빠가 만든 특제 소스는 최고예요."

"그래? 그러면 핫도그 장사를 해 보면 어때요?"

잭 아저씨의 제안을 들은 아빠는 여전히 의심하는 얼굴이었지만 처음보다는 조금 표정이 누그러졌어요.

"나처럼 가난한 흑인에게 정말로 돈을 빌려주겠다는 거요? 쫄딱 망해서 이자도 못 갚을 수 있는데도? 혹시 이자가 엄청 높은 거 아니오?"

토미네 핫도그 가게

잭 아저씨는 차분하게 설명해 주었어요.

"부담 갖지 마세요. 사우스쇼어은행은 자본과 믿음을 함께 빌려주는 은행이에요. 이자는 조금만 받는 데다가 우리 은행의 전문가들이 장사가 잘될 수 있도록 아버님을 도와드릴 거예요."

아빠는 그제야 멋쩍게 웃으며 머리를 긁적였어요. 그 다음 날부터 며칠 동안 아빠는 은행에 가서 서류를 쓰고 특제 소스를 만드느라 바빴어요. 틈틈이 집에 찾아오는 잭 아저씨와는 어느새 단짝이 되었지요. 하지만 토미는 마냥 좋아할 수만은 없었어요. 아빠는 장사를 해 본 적이 한 번도 없거든요. 정말 망해 버리면 어떡해요. 없던 빚이 생기는 건 물론, 아빠가 크게 실망하실 거예요.

그날도 집에 찾아온 잭 아저씨는 기다렸다는 듯 그동안 준비한 시장 조사 자료를 한 뭉치 꺼내 들었어요.

드디어 아빠가 마을 광장에서 핫도그 푸드 트럭 장사를 시작했어요. 토미도 계산하는 일을 도우러 나갔어요. 아빠는 밀려드는 손님을 받아 내느라 피곤해 보였지만 입가에는 미소가 떠나지 않았어요. 토미는 아빠가 예전으로 돌아온 것 같아 기뻤지요.

저녁이 되자 광장에는 길거리 공연을 하는 형 누나들이 하나씩 나오기 시작했어요. 토미는 푸드 트럭 밖으로 나와 공연을 준비하는 형들을 찾아갔어요.

"토미! 오랜만이야. 그 동안 어디 갔었어?"

"좀 바빴어요. 저기 푸드 트럭 보이세요? 우리 아빠가 핫도그를 팔고 있어요."

"그래? 그럼 나도 하나 사 먹어 볼까?"

형은 핫도그를 한 입 베어 먹고는 깜짝 놀라는 표정이에요.

"우아, 매콤달콤한 소스가 끝내주는데. 이렇게 맛있는 핫도그는 동네방네 소문을 내야 해!"

형은 광장으로 얼른 달려갔어요.

"여러분, 저기 핫도그 맛이 최고예요! 꼭 한번 드셔 보세요. 아셨죠? 그럼, 공연 시작합니다!"

흥겨운 음악과 함께 신나는 공연이 시작됐어요. 공연을 즐기던 사람들 몇몇이 토미네 핫도그 푸드 트럭으로 다가왔어요. 그때 토미의 머릿속에 반짝 아이디어가 떠올랐어요.

"아빠, 혹시 남은 핫도그를 전부 팔아야 하나요? 우리 가게 홍보도 할 겸, 사람들에게 핫도그를 무료로 나눠 주면 어때요?"

"정말 멋진 아이디어구나!"

아빠는 특제 소스를 잔뜩 뿌린 핫도그를 두 손 가득 들고 공연을 즐기는 사람들에게 다가갔어요.

지역개발은행

가난한 사람들은 은행 간판만 봐도 기가 죽어요. 무슨 일을 해 보려고 해도 돈이 없어서 대출을 받아야 하는데, 은행은 담보니 신용이니 어려운 말을 하며 대출해 주기를 꺼리지요. 하지만 지역개발은행은 달라요. 가난한 사람들에게 낮은 이자로 돈을 빌려줘서, 집을 짓거나 교육을 받거나 장사를 하도록 도와줘요. 사우스쇼어은행은 가장 유명한 지역개발은행이에요. 다음 장에서 설명할 그라민은행도 마찬가지이지요.

대출과 담보, 보증인, 신용

고객에게 돈을 빌려주고 이자를 받는 것은 은행의 중요한 업무 중 하나예요. 그런데 돈을 떼인다면 이만저만 낭패가 아니겠지요? 그래서 은행은 돈을 빌려줄 때 여러 가지 안전장치를 마련해 둬요. 담보 대출은 돈을 갚지 못하면 대신 집이나 자동차, 땅을 주겠다고 약속하는 거예요. 보증인 대출은 대신 갚아 줄 사람을 내세우는 것이고요. 신용 대출은 얼마나 성실히 세금을 냈고 저축을 얼마나 했으며, 카드는 얼마나 썼는지 등을 확인하고 신용 등급을 평가해 대출해 주는 것이지요. 담보 대출이나 보증인 대출에 비해 돈을 받지 못할 위험이 크기 때문에 이자율이 높고 대출 금액도 적은 편이에요.

그라민은행은 가난한 사람들에게 무담보로 소액 대출을 해 주는 은행이에요. 그라민은행을 만든 무하마드 유누스는 "우리 은행에서 대출을 받으려면 가난하다는 것만 증명하면 됩니다"라고 말했어요. 처음에는 다들 돈을 갚지 않을 거라며 비웃었지만, 신기하게도 대부분의 사람이 돈을 착실히 갚았어요. 절망에 빠져 있던 사람들은 그라민은행의 도움으로 가난에서 벗어날 발판을 마련했어요. 가난을 해결하는 데 앞장선 공로가 인정되어 유누스는 2006년 노벨 평화상을 받았어요.

당신의 가난에
투자합니다

이슬람 여성은 절대 안 돼

다이얀은 학교에서 돌아오자마자 급히 옷을 갈아입었어요. 엄마를 도와 대나무 의자를 하나라도 더 만들어야 하거든요. 대나무 의자를 만드는 데는 손이 많이 가서 열심히 일해도 하루에 겨우 하나 정도를 완성할 수 있어요.

하지만 오늘 학교를 그만둔 친구를 생각하니 일이 손에 잡히지 않아요. 다이얀은 어려운 집안 살림을 도우려면 자신도 학교를 곧 그만둬야 할지 모른다는 생각에 더욱 울적해졌어요.

그때 낯선 여자 두 명이 집에 들어왔어요.

"저희는 그라민은행 직원이에요. 대나무 의자를 만들 재료를 살 돈이 없어서 고리대금업자에게 돈을 빌리고 계시다고 들었어요."

엄마는 잔뜩 경계하는 모습이에요. 직원은 조심스레 한 발짝 다가서며 말했어요.

"열심히 일해도 가난에서 벗어나지 못하는 건 높은 이자 때문이에요. 저희 은행이 도와드릴 수 있을 것 같은데, 이야기를 좀 들어 보시겠어요?"

그 말에 엄마는 벌컥 화를 냈어요.

"내 평생 방글라데시에 사는 이슬람 여성에게 돈을 빌려주는 은행은 한 번도 못 봤어요. 사기 칠 생각 말고 그만 나가세요!"

엄마는 그들의 등을 밀어 문밖으로 내쫓았어요. 하지만 다이얀의 생각은 달랐어요. 최근 엄마가 은행에서 돈을 빌려 재봉틀을 샀다는 친구 타슬리나의 이야기가 생각났거든요.

다음 날, 학교가 끝나자마자 다이얀은 집으로 달려왔어요.

"엄마, 그 얘기가 정말인가 봐요. 오늘 마을 회관에서 그라민은행 설명회가 열린대요. 얼른 가 봐요!"

　엄마는 여전히 미심쩍은 얼굴이지만, 다이얀의 재촉에 발을 옮겼어요. 회관 앞은 사람들로 북적였어요. 다들 수군거리며 궁금해하는 기색이에요.

　그때 타슬리나의 엄마가 다이얀의 엄마를 알아보고 반갑게 다가왔어요. 엄마는 그제야 조금 안심한 것 같았어요.

　"정말로 우리같이 가난한 사람에게 돈을 빌려준대요?"

　"네! 저도 벌써 그라민은행의 도움으로 재봉틀을 사서 새로운 일을 시작했어요. 다만, 그라민은행에서 돈을 빌리는 데는 규칙이 있어요."

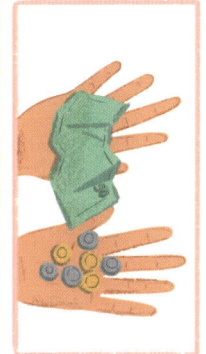

희망을 빌려주는 은행

　엄마는 타슬리나 엄마와 한 팀이 되었어요. 그라민은행 직원은 우리보다 앞서 대출받은 팀원들이 돈을 모두 갚으면, 우리 차례가 된다고 말해 주었어요. 또한 계좌를 개설하는 방법, 저축의 중요성 등을 가르쳐 주었지요. 대출을 받기 위해서는 많은 서류를 써야 했는데, 엄마는 글자를 쓸 줄 몰라서 내가 대신 썼어요. 그 사이, 직원 한 분이 엄마에게 앞으로의 계획에 대해서 질문했어요.

　"빌린 돈을 어떻게 갚으실 생각이신가요?"

　엄마는 작지만 굳은 결심에 찬 목소리로 말했어요.

　"대나무 의자는 만드는 데 힘이 많이 들고 시간이 오래 걸려요. 그에 비해 벌 수 있는 돈은 적지요. 그래서 빌린 돈으로 닭과 송아지를 산 다음, 달걀과 우유를 팔아서 갚을 생각이에요."

7월 15일 금요일	☀️ ⛅ ☁️ ☂️
일어난시간 8시 20분	잠자는시간 9시 40분

오늘 엄마와 함께 시장에 다녀왔다. 엄마는 소, 닭, 돼지 등을 파는

상인을 찾아가서 2000타카(2만 8000원 정도)로 닭과 송아지를 몇 마리나

살 수 있는지 물어봤다.

엄마는 한참 고민 끝에 송아지 한 마리와 닭 세 마리를 사기로 했다.

내일부터는 아침 일찍 일어나서 동물들을 돌볼 생각이다.

왠지 벌써 부자가 된 기분이다.

어느 날, 학교에서 돌아오니 엄마가 다이얀을 불렀어요.

"다이얀, 그동안 고생 많았지? 아빠가 돌아가시고 난 뒤부터는 먹고사는 일이 바빠서 네게 신경을 많이 못 써 준 것 같아. 자, 받으렴. 오늘 아침 시장에 갔다가 사 왔어."

엄마는 다이얀에게 예쁜 나비 머리핀을 내밀었어요.

"와아! 너무 마음에 들어요. 친구들에게 자랑해야지!"

엄마는 차분히 앞으로의 계획에 관해 설명해 주셨어요.

"그라민은행에서 연락이 왔는데, 대출받은 돈을 한 번도 밀리지 않고 잘 갚아서 조금 더 대출을 해 주겠다는구나. 그 돈으로 땅을 빌려서 바나나를 심어 볼까 해. 송아지도 한 마리 더 살 거야."

"정말요? 우리 이러다 금방 부자되겠어요!"

다이얀은 너무 신이 났어요. 엄마는 다이얀의 손을 토닥이며 진지한 얼굴로 말씀하셨어요.

"언젠가는 가난에서 벗어나 그라민은행에서 더 이상 돈을 빌리지 않고 저금할 수 있게 될 거야. 그날을 위해 엄마는 두 번째 대출금도 잘 갚을 거란다. 그리고 한 번 더 대출을 받을 거야. 더 큰돈을 빌려서 집을 고칠 생각이란다. 네 방도 예쁘게 꾸며 줄게. 그 방에서 열심히 공부해서 꼭 대학에 갔으면 좋겠구나. 엄마처럼 힘들게 살지 않으려면 여자도 꼭 교육을 받아야 해."

엄마의 말에 다이얀은 깜짝 놀랐어요. 친구들이 돈을 벌기 위해 학교를 그만두는 것을 보면서 다이얀은 자신도 그렇게 될까 봐 걱정하고 있었거든요. 그런데 대학이라니! 다이얀은 대학에 갈 수 있을지도 모른다는 생각에 마음이 벅차올랐어요.

마이크로 크레디트

마이크로 크레디트는 담보나 신용이 없어서 은행에서 돈을 빌릴 수 없는 저소득층을 위한 제도예요. 보증이나 담보 없이 돈을 빌려줄 뿐 아니라, 그 돈을 잘 쓸 수 있도록 함께 고민해 주는 등 경제적으로 자립할 수 있게 도와주지요. 대출 원금과 이자를 받는다는 점에서 자선 사업과는 달라요. 국제 연합(UN)이 2005년을 '세계 마이크로 크레디트의 해'로 지정한 이후 많은 나라가 마이크로 크레디트에 관심을 기울였어요. 우리나라에서는 2009년 12월 미소금융(美少金融)이란 이름의 사업이 시작됐어요. 신용등급 7등급 이하의 저소득층에게 시중 은행보다 낮은 금리로 자금을 빌려주고 있어요.

고리대금과 이자 제한법

영국의 유명한 작가 셰익스피어는 재미있는 책을 많이 썼는데, 《베니스의 상인》도 그중 하나예요. 여기에는 악덕 고리대금업자 샤일록이 나오지요. 샤일록은 돈을 갚지 못하면 심장에서 가까운 살 한 근을 받기로 하고 돈을 빌려줬어요. 고리대금은 이렇게 말도 안 되는 대가로 돈을 빌려줘요. 2021년에는 연평균 617%(최대 7300%) 이자를 받은 고리대금업자가 잡혀 모두를 깜짝 놀라게 했어요. 이처럼 높은 이자를 받는 것을 '대부업', '사금융', '사채업'이라고도 말해요. 이런 곳을 찾는 이들은 대부분 은행권에서 대출을 받을 수 없는 어려운 사람들이라 더욱 안타깝지요. 돈을 갚는 게 조금만 밀려도 원금보다 이자가 많아지기 일쑤라 돈을 갚는 게 점점 더 어려워지거든요. 우리나라는 서민들의 피해를 막기 위해 '이자 제한법'을 만들었어요. 이자 제한법을 뛰어넘는 이자를 받으면 법률에 따라 처벌 대상이 돼요.

법적으로는 이자를 연 20% 이상 받을 수 없어요!

해마다 기온이 상승하고 때아닌 장마와 추위로
고생하는 건 바로 우리 인간이 지구를 함부로 사용했기 때문이에요.
그래서인지 요즘은 어딜 가나 환경을 보호해야 한다고 목소리를 높여요.
은행들도 예외는 아니에요. GLS은행은 친환경 농업이나
친환경 에너지에 투자하는 녹색 은행이에요. '수상한 돈은 받지 않고
더러운 사업엔 돈을 대지 않는다.'는 철학을 가지고 있지요.
환경 오염을 유발하는 기업, 아동이 노동하는 기업,
무기로 수입을 올리는 기업, 핵과 관련된 기업에는 절대로
대출을 해 주지 않아요.

친환경에 투자하는 녹색 은행

고민을 잘 들어 주는 게일에게

안녕, 게일! 이모와 이모부는 안녕하시지? 너도 잘 지내고 있고?

나는 머릿속이 복잡해. 우리 헹겔농장에 문제가 생겼거든.

며칠 전, 마을 입구에서 아빠와 아저씨들이 은행 이자에 관해 이야기하는 것을 들었어.

농장 때문에 은행에서 대출을 받으셨나 봐.

우리 농장의 농산물이 안 팔리는 건 아니야. 요즘 입소문이 나기 시작해서 정기적으로 사 가는 분들이 늘어났거든.

아빠는 1년 정도만 버티면 돈 문제를 해결할 수 있을 것 같은데, 땅이랑 농기구, 비싼 친환경 농약을 살 때 빌린 돈을 갚기 어렵다며 한숨을 쉬셨어. 지금 당장은 이자를 갚기도 버거우신 것 같아.

나는 다른 은행에서 돈을 빌리면 되지 않느냐고 여쭤봤어. 그런데 너도 알다시피 우리 농장은 친환경 농사를 짓잖아. 친환경 농사는 이익이 적게 나니까 은행은 우리가 돈을 갚지 못할 거라고 생각한대. 처음에 농장을 만들 때도 돈을 빌려주겠다는 은행이 거의 없었다나 봐. 그래서 아빠와 마을 아저씨들이 각자 모은 돈으로 농장을 시작할 수밖에 없었대.

오랜만에 쓴 편지인데 우울한 이야기만 했네. 미안해.

답답한 마음을 털어놓으면 조금 후련해질 것 같아서 그랬어.

아, 졸리다! 이제는 자야겠어. 다음에 또 편지할게.

추신 : 지난여름, 너와 함께 놀던 때가 그리워.

- 다니엘 -

생각만 해도 웃음이 나는 다니엘에게

다니엘, 안녕? 우리 엄마 아빠는 잘 계셔. 물론 우리 아빠는 여전히 잔소리 대마왕이지만 말이야. 네 편지를 보면서 이모부와 너희 마을 아저씨들이 정말 힘들겠구나 하는 생각이 들었어. 어른들의 일이라 아직 어린 우리가 아무 도움이 될 수 없어서 더 답답하기도 해. 방법을 찾아 드릴 수 있으면 좋을 텐데 말이야.
한참 고민하다가 며칠 전에 들은 이야기를 너에게 꼭 해 줘야겠다는 생각이 들었어. 너 혹시 '빈트파르크 베스트쿠쉬테 풍력 발전소' 기억나니? 지난 여름 방학 때 네가 우리 마을에 바람이 많이 분다고 하니까, 우리 아빠가 풍력 발전소에 관해 알려 주셨잖아.
그런데 얼마 전, 우리 학교에서 그곳에 견학을 다녀왔지 뭐야.

풍력 발전소라서 그런가 풍차 모양 기계가 돌아가는 내내 윙윙거려서 조금 시끄럽기는 했어.
아무튼 선생님이 그러시는데, 1987년 풍력 발전소를 세우려고 하는데 수익이 날 리 없다며, GLS은행 말고는 아무도 투자하려고 하지 않았대. 다니엘, 내가 왜 갑자기 풍력 발전소 이야기를 하는지 알겠지?

GLS은행은 친환경 에너지와 친환경 농사에만 투자를 한대. 어쩌면 너희 농장도 GLS은행이 도와줄지 몰라.
이모와 이모부에게 한번 이야기해 보면 어떨까?
다음 편지에서 어떻게 됐는지 꼭 말해 줘. 좋은 소식 기대할게.
추신 : 어서 다시 만나기를 바라며

- 게일 -

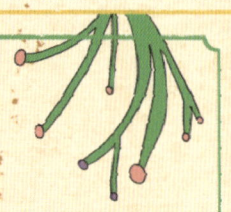

고마운 게일에게

게일! 농장 일은 잘 해결됐어. GLS은행의 도움을 받게 되었거든. 네 편지를 받은 그날 저녁, 곧바로 부모님께 말씀드렸어. 놀랍게도 아빠가 GLS은행을 알고 계시더라고. 예전에 우리 농장처럼 친환경 농법으로 작물을 재배하는 도텐펠더농장이 있었는데, 자금난을 겪을 때 GLS은행이 도와줬다나 봐. 하지만 GLS은행이 지금도 우리 같은 농장들에 돈을 빌려주고 있는지는 몰랐대.

아빠는 그 이야기를 아주 어렸을 때 할아버지께 들으셨다고 했거든. 돈 벌기에 급급한 은행이 지금까지 그렇게 이익이 나기 어려운 일을 할 리 없다며 고개를 흔드셨어. 하지만 나는 어쨌든 한번 가 보자고 말씀드렸어.

다음 날 우리 가족은 모두 함께 GLS은행에 갔어. GLS은행은 지금도 대안 학교, 친환경 농사, 친환경 에너지 관련 일을 하는 곳에 돈을 빌려주고 있었어. 우리 가족은 곧바로 적금 통장을 만들었어. 우리가 든 적금으로 직접 투자할 수 있다는 거야.

나는 은행 직원 아저씨에게 우리 농장도 친환경 농장인데, 우리 적금을 우리 농장에 투자해도 되냐고 물어봤어. 그랬더니 아저씨가 껄껄 웃으며 어느 농장인지 물어보셨어. 헹겔농장의 더메터 브랜드라고 대답하자 아저씨의 눈이 휘둥그레지는 거야. 알고 보니까 우리 농장 정기 구매 고객이셨어!

그때부터 이야기가 술술 풀렸지. 아빠의 고민을 들은 아저씨는 투자 담당자에게 연락해 주겠다고 하셨어. 투자처로 선정되면 대출 이자가 낮아지거든. 그만큼 농장에 이익이 되지. 아저씨는 더메터의 고객으로서 잘 설명하겠다며 자기만 믿으라고 가슴을 팡팡 두드렸어.

집에 오는 길에 엄마는 나를 엄청 칭찬해 주셨어. 그동안 여러 은행에 가 봤는데, 그때마다 대출을 거절당해서 거의 포기하고 계셨대. GLS은행을 만난 덕분에 의외로 쉽게 문제를 해결할 수 있게 되었다고 하셨어. 아빠는 엄마가 괜한 소리를 한다고 구시렁대셨지만, 기뻐하는 기색이 역력했어. 뭔가 힘을 보탠 것 같아 뿌듯하고 기분이 정말 좋았어.

그래도 한동안 우리 가족과 마을 아저씨들은 마음을 놓을 수 없었어. 아직 GLS은행이 돈을 빌려주겠다고 결정한 것은 아니었으니까.

다행히 며칠 뒤에 GLS은행 투자 담당자가 찾아와서 농장을 둘러보고 갔어.

일주일 뒤, 드디어 대출을 해 주겠다는 연락이 왔어. 그런데 놀라운 소식이 또 있어. GLS은행이 농장 옆에 있는 넓은 땅을 사서 우리에게 빌려주겠다고 한 거야. 저렴한 금액으로 장기간 빌려줄 테니, 친환경 농법의 농사 범위를 더 넓혀 보라고 말이야!

GLS은행 덕에 우리 농장은 돈 걱정을 덜었고, 그 덕에 더 많은 사람들이 친환경 농산물을 먹을 수 있겠지? 역시 좋은 일은 더 좋은 일로 돌아오는 것 같아.

-다니엘-

'공익과 수익' 잡는 녹색 은행

은행이라고 다 이익만 추구하는 건 아니에요. 공익과 수익 두 마리 토끼를 잡는 은행도 많답니다. GLS은행 같은 녹색 은행이 대표적인 예이지요. 네덜란드의 '트리오도스은행'도 대표적인 녹색 은행이에요. 환경과 사람을 위하는 일에 투자한다는 목표가 있지요. 자연을 보호하고 화학 물질을 사용하지 않는 유기 농업을 장려하고, 온실가스를 줄이고, 재생 가능 에너지 등 녹색 분야에 투자하기 위한 '그린 뱅크'라는 조직이 따로 마련돼 있어요. 미국에는 '뉴리소스은행'이 있어요. 대출의 50% 정도를 청정에너지, 유기농 식품, 친환경 건축 사업체 등에 투자하고 있지요. 미국 샌프란시스코의 대표 맛집 '호그 아일랜드 오이스터'는 뉴리소스은행의 투자를 받아 성공한 곳이에요.

알쏭달쏭 '투자'와 '투기'

뉴스에서 투기를 근절해야 한다는 말을 들어 본 적 있나요? 투자와 투기. 한 글자 차이지만 이 두 단어는 전혀 다른 뜻을 가지고 있어요. 그런데 이 둘을 구분하는 건 쉽지 않아요. 이 둘은 생산 활동과 관계있는지, 없는지로 구분할 수 있어요. 예를 들어, 누군가 바이러스 백신을 개발할 때 개발 비용을 빌려주고 그 대가로 판매금의 일부를 받는다면 이것은 투자예요. 하지만 백신을 몽땅 사재기해서 비싸게 되파는 방법으로 이익을 남긴다면 투기예요. 생산 활동이 아니라 가격 변동만으로 이익을 남겼기 때문이지요.

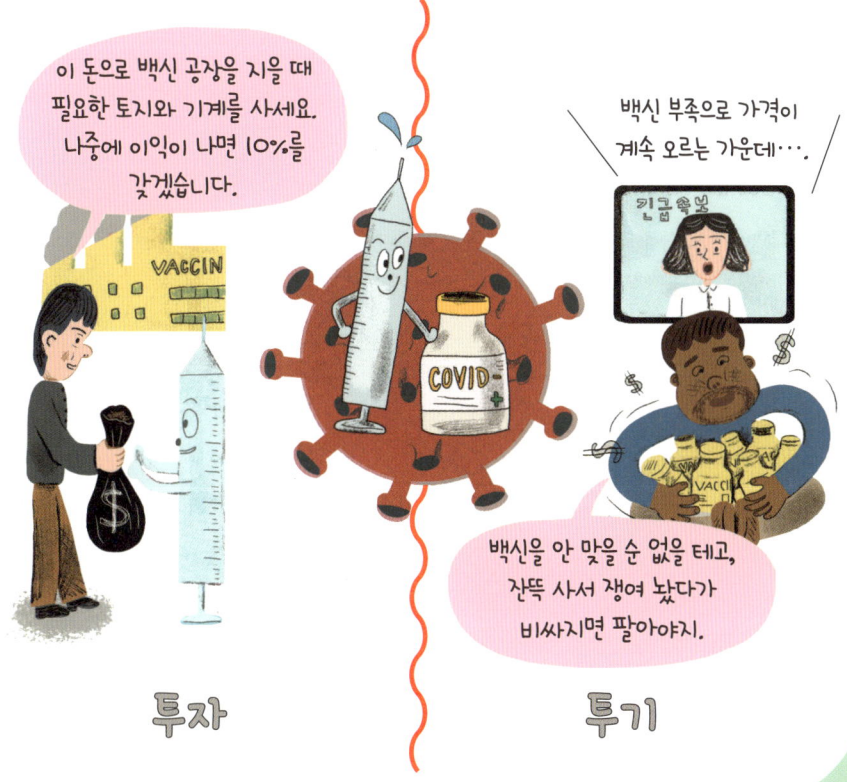

투자　　　　　　투기

굿 캐피털은 취약 계층에게 일자리를 제공하거나
지역 사회에 공헌하는 사회적 기업에 투자하는 곳이에요.
일반적으로 사회적 기업은 이익이 잘 나지 않기 때문에 투자를
받기가 어렵지만, 굿 캐피털은 사회를 바꾸는 선한 아이디어가 있다면
어디든 투자한답니다. 그리고 빌려준 돈에 대해서는
이자를 받는 대신 수익의 일부를 나눠 받지요.

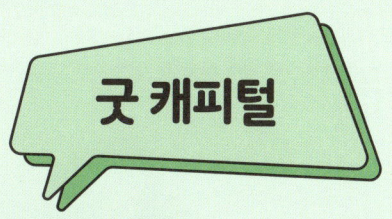

선한 아이디어를 응원합니다

반갑지 않은 소식

미카엘은 아직 어리지만 당당한 시나리오 작가예요. 어린이의 눈으로 본 어린이의 이야기를 담은 영화를 만들고 있지요. 오늘도 미카엘은 열심히 시나리오를 쓰고 있어요. 그런데 작업실 문이 살며시 열리더니 폴 아저씨와 이든 아저씨가 슬그머니 들어와요. 둘의 얼굴이 어두운 게 무슨 일이 있나 봐요.

두 아저씨의 얼굴을 보니 미카엘은 갑자기 몇 달 전 아저씨들을 처음 만났을 때가 떠올랐어요.

어린이 영화는 좀처럼 수익이 나기 어려워요. 사실 어느 정도 예상했던 일이긴 하지만 이대로 포기하려니 너무 속상해요.

"빵집에서 도둑으로 몰릴 뻔한 절 구해주시고, 영화까지 같이 만들게 해 주셔서 정말 행복했는데 이제 문을 닫아야 한다니…. 무슨 방법이 없을까요?"

그러자 폴 아저씨가 턱수염을 매만지며 말했어요.

"으음, '굿 캐피털'이라는 곳이 있어. 수익이 적더라도 사회에 기여하는 기업이라면 기꺼이 투자하는 회사지. 그곳이 우리의 마지막 희망이 될지도 몰라."

"굿 캐피털이요? 처음 들어 봐요. 믿을 만한 곳인가요?"

미카엘의 말에 폴 아저씨가 허리춤에 손을 얹으며 대답했어요.

"당연하지! '베터 월드 북스'라는 헌책방이 있거든. 이곳도 굿 캐피털의 도움을 받았어."

"헌책방이 투자를 받았다고요?"

"정확히 말하면 헌책을 파는 '사회적 기업'이야. 미국 전역에 있는 3000여 개의 도서관에서 버려지는 책을 모아서 필요로 하는 사람들에게 싸게 파는 회사란다. 중요한 건, 책이 한 권 팔릴 때마다 그 책을 필요로 하는 또 다른 누군가에게 똑같은 책 한 권을 기부한다는 거야."

폴 아저씨의 이야기는 영화처럼 신기했어요. 그렇게 좋은 회사

가 있다니 대단하다는 생각도 들었어요.

"베터 월드 북스는 점점 유명해졌어. 일이 늘어나니 도서관에서 책을 받아 올 차를 더 사야 했고, 일할 사람도 더 필요해졌어. 계속 같은 방식으로 회사를 운영한다면 적자가 날 수밖에 없는 상황이었지. 이때 굿 캐피털이 나섰어. 베터 월드 북스의 헌책 가격을 조정해 주고, 기부금을 어떻게 모으고 운영해야 하는지 전문가로서 방법을 알려 준 거야. 결과는 놀라웠어! 굿 캐피털이 함께한 4년 동안 베터 월드 북스의 수입이 35%나 늘어났거든. 문맹 퇴치 기금도 600만 달러 넘게 모았고, 폐지가 될 뻔한 2.5톤 트럭 4000대 분량의 책도 살려 냈지."

굿 캐피털은 진짜 대단한 회사 같아요. 폴 아저씨의 말을 듣자, 미카엘은 굿 캐피털에 꼭 도움을 청해 봐야겠다는 생각이 들었어요.

우리가 만드는 영화 이야기

굿 캐피털에 메일을 보낸 지 일주일. 아무런 연락이 없어 초조하기만 해요. 안절부절못하던 차에 드디어 연락이 왔어요. 서류는 통과했으니 발표 면접을 준비하라는 거예요. 시나리오 작가인 미카엘이 적임자라는 폴 아저씨의 말에 미카엘은 차근차근 면접을 준비했어요. 드디어 결전의 그날이 왔어요. 폴 아저씨와 이든 아저씨, 그리고 미카엘은 굿 캐피털로 향했어요.

"안녕하세요. 제 이름은 미카엘이에요. 시나리오 작가지요."

그러자 심사 위원들이 갑자기 웅성거려요. 어린아이가 시나리오를 쓴다는 게 믿기지 않는 모양이에요.

"요즘 쓰고 있는 시나리오는, '푸른 돌고래 섬'에 홀로 남겨진 인디언 소녀가 척박한 환경을 극복하며 생존하는 실화에 바탕을 둔 이야기예요."

미카엘의 발표를 듣던 심사 위원 한 명이 손을 들며 말했어요.

"이야기는 재미있네요. 하지만 그게 사회를 바꾸는 아이디어가 될지는 모르겠는데요."

미카엘은 용기를 내서 천천히 말을 이어 갔어요.

"우리 영화의 등장인물들은 흔히 말하는 '문제아'예요. 저 또한 그랬지요. 세상은 문제아라 낙인찍었지만, 알고 보면 그들은 그 누구보다 세상과 이야기하고 싶어 해요. 저는 영화를 만들면서 세상과 소통하는 법을 배웠어요. 다른 친구들도 마찬가지일 거예요. 그래서 저는 어린이 영화사가 사회적으로 매우 가치 있다고 생각해요."

1년 뒤, 드디어 푸른 돌고래 섬 이야기를 영화로 찍을 수 있게 되었어요. 폴 아저씨와 이든 아저씨는 아역 배우들이 연기하는 것을 도와주고 있어요. 쉬는 시간이 되자, 이든 아저씨가 해변 한쪽에 마련된 의자에 벌러덩 누우며 말했어요.

"영화를 계속 만들 수 있다니 다행이야. 굿 캐피털의 투자를 받아서 산 새 장비로 더 좋은 영화를 만들 수 있을 것 같아."

폴 아저씨도 의자에 풀썩 앉았어요.

"굿 캐피털이 우리 영화를 유료 TV에 팔게 해 준 것도 대단하지 않아? 덕분에 돈 걱정하지 않고 다음에 더 좋은 영화를 만드는 데만 신경 쓸 수 있게 되었지."

그때 저 멀리서 미카엘이 헐레벌떡 달려왔어요.

"아저씨들! 우리가 만든 영화를 상영하고 싶다는 메일이 세 군데서 왔어요! 우리 동네 말고 저 멀리 다른 지역의 극장에서요!"
이든 아저씨와 폴 아저씨는 정말이냐며 자리에서 벌떡 일어나 서로 얼싸안았어요.

이게 다 굿 캐피털 덕분이야!

우리 꼭 성공해요. 우리의 모습을 보고 사회적으로 의미 있는 기업에 투자하는 곳이 더 많아졌으면 좋겠어요.

사회적 기업이란 무엇일까?

자본주의가 발달하면서 우리는 풍족한 삶을 누리게 되었지만, 사회적으로 다양한 문제가 발생한 것도 사실이에요. 가난한 사람들의 삶은 더욱 어려워졌어요. 직장을 잃어 생계를 위협받기도 하고 제대로 된 교육을 받기도 어려워요. 또한 환경 오염은 전 세계를 위협하는 문제로 떠오른 지 오래이지요. 이런 문제를 해결해 보고자 나선 것이 바로 '사회적 기업'이에요. 물론 사회적 기업도 기업이기 때문에 이익을 내야 해요. 하지만 이익을 극대화하기보다 사회 문제를 해결하는 데 훨씬 큰 목적을 두고 있답니다. 한국사회적기업진흥원 홈페이지를 보면 우리 사회를 건강하게 만들기 위해 노력하는 많은 사회적 기업에 대해 알 수 있어요.

희망을 굽는 빵 공장

그레이스톤 베이커리는 "우리는 브라우니를 굽기 위해 사람을 고용하는 게 아니라, 사람을 고용하기 위해 브라우니를 굽는다."라는 말로 유명한 사회적 기업이지요. 1982년 문을 연 이 회사에선 노숙자, 전과자, 미혼모, 약물 중독자들이 일하고 있어요. 그레이스톤 베이커리는 사회적으로 소외된 이들에게 새로운 삶의 기회를 제공할 뿐만 아니라 낙후된 도시를 되살리는 데도 한몫했어요. 이 회사에서 만든 쿠키는 백악관에도 납품된다고 해요.
우리나라에도 많은 사회적 기업이 있어요. 장애인의 이동을 도와주는 이지무브(현대자동차), 소외된 노인들을 돌봐 주는 다솜이재단(교보생명), 결식 아동 문제를 해결하는데 힘쓰는 행복도시락(SK텔레콤) 등은 대기업이 지원하는 대표적인 사회적 기업이지요.

타임뱅크는 시간을 저축할 수 있는 은행이에요.
누군가를 위해 일하고 그만큼의 시간을 저축할 수 있어요.
누군가의 도움을 받고 싶다면 저축한 시간을 빼서 사용하면 돼요.
일한 시간에 대해 돈을 주는 게 아니라 나중에 필요할 때
일을 통해 돌려받는 거예요. 누구나 잘하는 일이 있어요.
조금만 생각하면 누구나 남을 도울 수 있어요.
타임뱅크에선 의사가 한 시간 진료 봉사를 해도, 내가 이웃집
강아지를 한 시간 산책시켜 줘도 같은 가치로 인정받아요.
노동의 가치를 동등하게 인정받는 타임뱅크에서는 모두가 평등하지요.

시간도 저축할 수 있어요

멋진 댄서가 되고 싶어

희영이는 하루 종일 기분이 좋지 않아요. 학교 수업이 끝나고 집으로 돌아가는 길 내내 뾰로통한 얼굴이에요.

'쳇! 나도 오디션을 보고 싶어….'

희영이는 애꿎은 돌멩이를 툭툭 차며 터덜터덜 걸어가요. 그때 오토바이를 타고 지나가던 옆집 할아버지가 희영이를 부르세요.

"어이구, 희영이구나. 그런데 왜 그렇게 입이 쑥 나왔어?"

희영이는 속상한 마음에 대답도 못 하고 그냥 휴대폰을 꺼내 오디션 포스터 사진을 내밀었어요.

할아버지는 희영이를 물끄러미 바라보았어요.

"희영이가 춤에 관심이 있는 줄은 몰랐네. 엄마한테 댄스 학원에 보내 달라고 말해 보지 그러냐."

"소용없어요. 오늘 아침에도 말씀드려 봤는데, 엄마는 '나중에'라고만 하세요. 집안 형편이 어려우니 별수 없다는 걸 알지만, 너무 속상해요."

　희영이는 한숨을 푹푹 쉬었어요. 할아버지는 씩 웃더니 말씀을 꺼내세요.

　"할아버지가 방법을 하나 알려 줄까? 돈이 없으면 시간을 돈처럼 쓰면 되지. '타임뱅크'라고 들어 봤니? 할아버지도 유용하게 쓰고 있단다. 내가 다른 사람을 위해 한 시간 일하면 나도 한 시간 동안 다른 사람의 도움을 받을 수 있어. 멋지지 않니?"

　희영이는 타임뱅크로 달려갔어요. 숨을 크게 한번 들이마시고 문을 열었어요. '시간 계산원 권아라'라고 적힌 명찰을 단 언니가 책상에 앉아 있어요.

"저도 타임뱅크를 이용할 수 있나요?"

아라 언니는 아하, 하고는 희영이에게 서류를 한 장 내밀어요.

"그럼. 누구나 이용할 수 있어. 이건 타임뱅크 이용 신청서란다. 네가 다른 사람을 위해 할 수 있는 일을 전부 적어서 주면 돼."

희영이는 곰곰이 생각하다가 '심부름하기, 골목 청소하기, 동생과 놀아 주기'라고 적어요. 너무 사소한 일인 것 같아 서류를 내밀다가 머뭇거려요.

아라 언니는 그런 희영이의 마음을 알아챈 듯 밝은 목소리로 말해요.

"우아, 정말 할 수 있는 일이 많구나. 크게 도움이 되겠는데. 자, 이건 시간 통장이야. 희영이가 저축한 시간과 사용한 시간이 기록되는 거지. 은행의 통장이랑 똑같아. 타임뱅크에서 통장을 정리하거나 전화해서 물어보면 네가 쓸 수 있는 시간이 얼마나 되는지 알 수 있단다."

"정말요? 그럼 춤을 배울 수도 있나요?"

"춤을 가르쳐 줄 선생님이 타임뱅크에 가입했다면 가능해."

희영이는 학원비가 없어도 춤을 배울 수 있다는 생각에 잔뜩 들떴어요. 다음 날, 아라 언니가 전화를 걸어와 유치원생 아이와 한 시간 정도 놀아 줄 수 있는지 물어봤어요. 아이 엄마가 병원에 갔다 올 동안 놀아 주면 되는 거였어요. 그런데 희영이를 본 아이 엄마는 마뜩잖은 표정이에요.

"어른이 올 줄 알았는데, 어린아이를 보내 주다니…"

"저도 잘할 수 있어요. 제가 아이라서 더 재미있게 놀아 줄 수 있을 거예요."

"어쩔 수 없지. 무슨 일 생기면 전화해 줘. 잘 부탁한다."

집 안에 들어가자 귀여운 꼬마가 있어요. 처음엔 조금 어색했지만 숨바꼭질, 유령 놀이 등 재미있는 놀이를 하다 보니 한 시간이

훌쩍 지나가 버렸어요.

"별일은 없었니? 네 덕분에 병원 진료를 잘 마치고 왔어. 정말 고맙다."

할 일을 마친 희영이는 집으로 돌아가려고 문밖을 나섰어요. 그때 꼬마가 달려 나와 희영이의 옷자락을 붙잡았어요.

"언니! 또 놀러 와야 돼!"

꼬마의 말에 아이 엄마가 깜짝 놀라 말했어요.

"우리 아이는 낯가림이 심한데, 너랑 정말 재미있게 놀았나 보구나! 정말 고마워. 아까는 못 믿어서 미안해. 다음에 시간 날 때 또 부탁해도 될까?"

"네, 얼마든지 맡겨 주세요."

희영이는 일을 잘 해낸 것 같아서 조금 으쓱해졌어요.

이후에도 몇 가지 일을 하며 희영이는 시간을 차곡차곡 모았어요. 한 달 후 희영이는 타임뱅크에 갔어요.

"제가 그동안 열심히 쌓아 놓은 시간 저축액으로 방송 댄스를 배우고 싶어요."

아라 언니는 타임뱅크에 등록한 댄스 학원 선생님이 있는지 찾아봤어요. 다행히 등록한 학원이 한 곳 있어요. 희영이네 동네에서 조금 먼 곳이지만, 드디어 원하던 춤을 제대로 배울 수 있다는 사실이 너무 기뻐요.

엄마를 위해 쓴 시간

댄스 학원에 간 첫날, 열심히 춤을 추고 있는데 휴대폰이 울렸어요. 엄마예요.

"희영아! 엄마가 주문한 가구가 1층에 잘못 배송됐어. 지금 집에 와서 가구 옮기는 것 좀 도와줄래? 그런데 가구가 무거워서 너랑 옮길 수 있을지 모르겠다."

그 순간, 타임뱅크가 떠올랐어요. 타임뱅크라면 지금 당장 도와줄 사람을 쉽게 구할 수 있을 거예요. 하지만 조금 고민이 되기도 해요. 시간 저축액을 쓰면 그만큼 댄스 학원에 갈 수 있는 시간이 줄어들 테니까요. 하지만 희영이는 꼭 필요한 일에 쓰는 게 더 중요하다고 생각했어요.

갑자기 낯선 사람들이 와서 가구를 척척 옮겨 주자, 엄마는 어리둥절한 모양이에요. 사람들이 돌아간 후, 엄마는 궁금해하며 희영이에게 물었어요.

"어떻게 도움을 요청한 거니? 저 사람들은 누구고?"

희영이는 타임뱅크에 관해 설명해 드렸어요. 이야기를 다 들은 엄마는 희영이가 타임뱅크를 시작한 이유가 댄스 학원 때문이라는 것을 알고는 마음 아파했어요.

"어렵게 모은 네 시간을 엄마 때문에 써 버렸구나…."

"괜찮아요. 시간이야 또 저축하면 되니까요."

그런 희영이를 보며 엄마가 말했어요.

"엄마도 타임뱅크에 가입해서 희영이가 쓴 시간만큼 저축해서 돌려줄게. 아니다. 이자까지 쳐서 더 많은 시간을 줄게! 그러니 앞으로도 댄스 학원에 계속 다니렴. 엄마가 도움을 못 주고 학원에 갈 방법을 스스로 찾아내게 해서 정말 미안해."

"아니에요. 집 앞 학원에 돈을 내고 다니면 편하겠지만, 타임뱅크 덕분에 배운 것도 많아요. 내 시간이 돈이 된다는 것을 배울 수 있었어요. 무엇보다 서로 자기의 시간과 재능을 나눠 주면서 또 자기가 노력한 만큼 도움받을 수 있다는 게 참 좋아요."

"아이고, 우리 희영이 이제 다 컸네!"

엄마는 희영이를 와락 안아 주었어요.

시간을 공유하세요, 타임뱅크

시간은 누구에게나 똑같이 주어져요. 부자도 가난한 사람도, 똑똑한 과학자나 어린아이도 하루에 주어지는 시간은 똑같이 24시간이에요. 하지만 우리는 시간의 가치를 다르게 매기지요. 어려운 수술을 하는 의사 선생님의 한 시간은 아주 높은 가치를 지니고, 길거리를 깨끗하게 청소하는 청소부의 한 시간은 그보다 가치가 낮다고 생각해요. 하지만 모두의 시간은 소중하고 시간의 가치는 그만큼 존중받아야 해요. 타임뱅크에서는 모든 이의 한 시간이 같은 가치를 지녀요. 내가 한 시간 동안 도움이 필요한 사람을 도와주면, 나도 다른 사람의 도움을 한 시간 동안 받을 수 있지요. 타임뱅크에서 봉사는 누가 누군가를 도와주는 일방적 관계가 아니에요. 모두가 모두를 도와주고, 모두가 모두에게 도움받을 수 있는 순환이 이루어지지요.

화폐란 무엇일까요?

화폐의 발전 역사를 보면 정말 흥미로워요. 아주아주 옛날에는 쌀이나 조개껍데기 등이 화폐의 역할을 했어요. 이런 것을 물품 화폐라고 해요. 그러다가 교환과 보관을 쉽게 하기 위해 금화나 은화 같은 금속 화폐가 등장해요. 지금 우리는 종이 화폐인 지폐를 쓰고 있어요. 최근에는 디지털 화폐가 등장했어요. 블록체인 기술을 활용한 비트코인이나 이더리움 같은 암호 화폐, 게임 머니나 인터넷 쿠폰, 모바일 쿠폰 같은 가상 화폐, 카카오페이나 네이버페이 같은 전자 화폐 등이 바로 디지털 화폐예요. 특히 디지털 화폐는 타임뱅크의 시간처럼 꼭 실물 돈이 아니더라도 화폐로서 기능하는 무형의 화폐랍니다. 미래에는 또 어떤 형태의 화폐가 나타날까요?

과거   현재

9장

우리 사회에는 도움이 필요한 곳이 많아요.
교육이나 보건, 복지, 환경 등 신경을 써야 할 곳이 한두 군데가 아니죠.
이 모든 일을 정부가 해야 한다면 어떨까요? 한정된 예산과 인원 때문에
그 어느 곳에서도 만족할 만한 결과를 얻어 내기 어려울 거예요.
사회발전채권, 즉 사회성과연계채권은 정부가 아닌
개인이나 단체가 사회 문제를 해결할 계획을 세우고 목표치를
달성하면 정부가 원금과 이자를 지불해요.
예를 들어, 치매 예방 콘텐츠를 개발해 치매 진단율이
낮아졌다면 그에 따른 보상을 얻게 되는 것이지요.

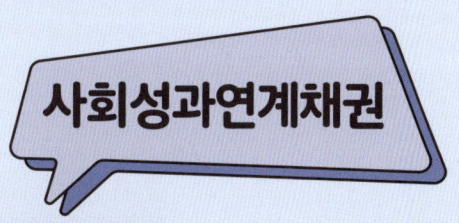
사회성과연계채권

더 나은 사회로 발전하면 수익이 생겨요

느린 학습자, 호민이

　일요일 아침, 진수는 소파에 앉아서 엄마의 휴대폰 사진 앨범을 보고 있어요. 앨범은 진수의 사진으로 가득해요. 그런데 사진을 넘기다 보니 진수가 아닌 다른 남자아이의 사진이 있어요. 자세히 보니 진수가 아는 아이예요.

　"엄마, 이 사진 뭐예요?"

　"아아, 호민이? 이번에 '느린 학습자' 프로젝트에 참여하는 친구야. 참! 호민이도 너희 학교를 다니던데, 혹시 아니?"

　"호민이는 우리 반이에요. 별로 친하지는 않지만…. 그런데 느린 학습자가 뭐예요?"

　사회 복지와 관련된 일을 하는 엄마는 친절히 설명해 주었어요.

　"느린 학습자는 남들보다 지식을 받아들이기 어려워하는 사람들이야. 그대로 두면 살면서 어려움을 겪을 수 있으니 여러 가지 학습을 꾸준히 경험해야 돼. 만약 이번에 호민이와 하는 프로젝트가 성공한다면, 더 많은 느린 학습자들이 교육의 기회를 얻을 수 있을 거야."

　진수는 교실에서 늘 홀로 있는 호민이의 모습을 떠올렸어요. 그러곤 잠시 고민하다가 쭈뼛쭈뼛 말했어요.

　"학교에서 호민이와 말해 본 적은 없지만… 제가 도울 일이 있다면 도울게요."

　다음 날 엄마는 호민이가 사는 보육원에 갈 거라며, 진수에게 함

께 가지고 했어요. 보육원에 들어서니, 호민이가 혼자 거실에 덩그러니 앉아 있었어요.

"안...녕?"

인사를 건네지만, 호민이는 쳐다보지도 않아요. 엄마는 호민이에게 다가가 앉으며 말했어요.

"호민아, 진수 알지? 진수는 선생님 아들인데, 호민이랑 같은 반이라며? 오늘은 둘이 같이 놀면 어떨까?"

호민이는 가만히 고개를 끄덕였어요. 엄마는 준비해 온 색종이와 테이프를 꺼내 내밀었어요.

"오늘은 색종이로 매직 큐브를 만들어 보자!"

호민이와 진수는 열심히 색종이를 접어 큐브를 만들기 시작했어요. 학교 수업 시간에는 딴짓만 하던 호민이가 조용히 집중하는 모습이 낯설고 신기했어요.

큐브 만들기가 끝난 뒤에는 함께 단어 공부도 했어요. 속담 퀴즈도 풀고, 동화책도 소리 내어 읽었지요. 엄마가 동화책을 펼쳐서 보여 주며 물었어요.

"호민아, 여기에 '위로하다'라는 말이 있지? 이게 무슨 뜻일까?"

호민이가 무릎을 세워 끌어안으며 어두운 표정으로 말했어요.

"위로한다는 건 방문을 닫고 이렇게 웅크려 앉는 거예요."

진수는 엉뚱한 소리를 하는 호민이를 멀뚱멀뚱 쳐다봤어요. 하지만 호민이의 마음을 읽은 엄마는 호민이를 꼭 껴안아 주었어요.

"호민이에게는 위로가 그런 거였구나. 그런데 위로는 따뜻한 말이나 행동으로 다른 사람의 슬픔과 괴로움을 달래 주는 거야. 선생님이 호민이를 이렇게 안아 주는 것처럼 말이야."

집으로 돌아가는 차 안에서 진수가 엄마에게 물었어요.

"엄마, 호민이는 낱말 뜻을 잘 모르는 것 같아요."

그러자 엄마가 살짝 웃으며 대답했어요.

"호민이는 느린 학습자니까 당연히 그럴 수 있지. 앞으로 꾸준히 공부하다 보면 점차 나아질 거야."

"그런데 느린 학습자는 왜 생기는 거예요?"

엄마는 고개를 돌려 진수의 얼굴을 바라봤어요. 진수의 얼굴이 진지해요. 호민이를 진심으로 이해하고 싶어 하는 것 같아요.

"사람은 아기 때 말을 배우기 시작해. 하지만 호민이는 부모님이 안 계셔서 배울 기회가 없었어. 그래서 단어를 제대로 이해하지 못하는 거야."

호민이가 느린 학습자가 된 사연을 들은 진수는 괜히 미안한 마음이 들었어요.

"엄마, 저 이제야 호민이에 대해 조금 알 것 같아요. 이제부터 진정한 친구가 될 수 있도록 노력할 거예요."

내 친구가 되어 줘

다음 날 학교에서 진수는 호민이에게 반갑게 인사를 건네요. 호민이가 머뭇거리는데, 짓궂은 반 친구가 놀려 대요.

"뭐야. 너 저 멍청이랑 친하냐? 이건 또 뭐야?"

친구는 호민이가 가지고 놀던 종이 큐브를 휙 빼앗아 구겨 버렸어요. 진수는 화가 났어요.

"호민이는 멍청이가 아니야! 말 함부로 하지 마!"

그때 갑자기 호민이가 커다랗게 소리를 지르며 친구에게 달려들었어요. 그러곤 친구 손에서 구겨진 큐브를 빼앗더니 눈물을 뚝뚝 흘리며 소리를 질렀어요.

"원래대로 해 놔! 원래대로 돌려놓으란 말이야!"

호민이가 너무 크게 소리를 질러서 반 아이들 모두가 호민이를 놀란 눈으로 쳐다봤어요. 진수는 얼른 호민이에게 다가가 등을 두드리며 말했어요.

"호민아, 괜찮아. 내일 마침 주말이니까 나랑 만나서 다시 만들자! 내가 더 멋진 큐브 만드는 법을 알려 줄게."

다음 날, 진수는 엄마와 함께 다시 호민이의 보육원에 갔어요. 그런데 이번에는 호민이가 먼저 진수에게 인사를 건넸어요.

"안녕?"

"어…? 어어, 너도 안녕?"

진수와 호민이는 색종이를 접어 큐브를 만들기 시작했어요. 두 번째 만드는 것이라 그런지 처음보다 더 빨리 끝났어요. 약속한 대로 새로운 큐브 만드는 법도 알려 줬어요. 종이 큐브를 다 만들고 나자 엄마가 '쓰레기통 게임'을 하자고 했어요.

"우선 준비물이 필요해. 여기 메모지를 나눠 줄 테니까 미워하는 사람을 생각하며 어떤 점이 싫은지 써 보렴."

진수는 어제 일을 떠올리며 못되게 군 친구에 대한 험담을 메모지에 잔뜩 썼어요. 평소에는 남을 헐뜯으면 안 된다며 혼냈을 엄마는 메모지를 보고도 아무 말 하지 않았어요. 곁눈질로 슬쩍 보니, 호민이도 메모지에 무언가 열심히 적고 있어요.

"자, 이제 메모지를 구겨서 이 쓰레기통에 던져 넣자!"

진수와 호민이는 쓰레기통에서 조금 떨어진 곳에 서서 메모지를 구겨 집어 던졌어요. 그런데 쓰레기통에 넣는 게 쉽지 않아요. 옆으로 떨어지는 것도 꽤 많았어요.

진수와 호민이가 메모지를 다 던지고 나자, 엄마는 쓰레기

통 주변에 떨어진 메모지를 손으로 조각조각 찢어 버리라고 했어요. 그렇게 하는데 은근히 통쾌한 마음이 들었어요. 호민이도 표정이 점점 밝아지더니 어느새 이를 드러내며 웃어요.

"어제 큐브가 망가졌을 때는 화가 많이 났는데, 지금은 괜찮아."

진수는 호민이의 마음을 이해할 수 있었어요. 진수도 쓰레기통에 메모지를 던지면서 친구를 미워하던 마음이 조금씩 사라지는 것을 느꼈거든요.

어느새 집에 갈 시간이 됐어요. 엄마 차에 탄 진수는 자동차 창밖으로 고개를 내밀고 호민이를 바라봤어요. 호민이는 엄마의 차가 보육원을 빠져나와 사라질 때까지 문 앞에 우두커니 서 있었어요. 그 모습을 보는 진수의 마음은 뭉클해졌어요.

"엄마, 나 호민이를 꼭 도와주고 싶어요."

"그래? 그러려면 이 프로젝트가 성공적으로 끝나야 하는데…."

"어떤 프로젝트라고 했죠? 설명을 들었지만 아직 이해하기 어려워요. 더 자세히 얘기해 주세요."

진수의 단호한 표정에 엄마도 진지한 얼굴이 되어 설명해 주었어요.

"엄마가 하는 일은, 느린 학습자 100명을 학습시켜서 지능을 올리고 사회성을 발전시키는 거야. 주로 국가나 지방 자치 단체가 민간 업체와 계약해서 일을 진행하지. 엄마는 서울시와 계약해서 서울시에 사는 느린 학습자를 대상으로 일하고 있어."

"그런 일은 국가나 시에서 직접 하는 게 아니에요?"

"예산이나 운영 방법을 고려했을 때, 민간 사업자에게 위탁하는 게 더 효율적이기 때문이야. 대신, 계약한 사업자의 프로젝트가 성공하면 비용을 보상하고 성과에 비례해 이자도 지급한단다. 민간 사업자는 이 계약을 토대로 투자자들에게 초기 투자금을 지원받는데, 이때 발행하는 것을 '사회성과연계채권'이라고 해."

엄마의 설명이 조금 어렵지만 아주 중요한 일이라는 건 알 것 같아요.

"이번 프로젝트가 성공하면 앞으로는 서울시가 직접 사업을 맡아 우리 프로그램을 확대 운영하게 될 거야. 그럼 더 많은 느린 학습자들이 도움을 받게 되겠지?"

"호민이도 엄마에게 계속 배울 수 있고요?"

"그렇지. 그러니까 호민이가 공부도 잘 하고 친구들과도 잘 어울리도록 진수가 많이 도와줘야 해. 지금처럼 친구도 해 주고."

진수는 호민이를 떠올리며 이번 프로젝트가 성공할 수 있도록 최선을 다하겠다고 다짐했어요.

사회성과연계채권

'사회성과연계채권'은 민간의 재원을 활용해 사회 문제를 해결할 사업을 시행하고 목표를 달성하면 원금과 성과에 따른 이자를 주는 채권이에요. 예를 들어, 범죄자가 앞으로 범죄를 저지르지 않도록 교육시켰을 때 실제로 재범률이 낮아진다면 그게 곧 성과가 되는 것이지요. 발행 기관은 성공한 사업에만 자금을 부담할 수 있어서 재정 부담이 줄어들고, 투자자는 성공할 경우 큰 이익이 보장되어 이득이지요. 단, 사업이 실패하면 투자자가 사업 자금을 부담해야 돼요.

채권과 주식

채권은 필요한 돈을 빌려주면 언제 어느 정도의 이자와 함께 갚겠다고 약속하는 일종의 계약서예요. 국가나 지방 자치 단체, 공공 기관이 발행하면 국공채, 일반 기업이 발행하면 사채라고 해요. 채권은 필요한 금액을 원하는 단위만큼 쪼개서 발행할 수 있어요. 예를 들어 100만 원이 필요하면, 1만 원짜리 채권을 100장 발행하거나 2만 원짜리 채권을 50장 발행하는 등 선택할 수 있지요. 회사를 만들거나 운영하는 데는 많은 자금이 필요한데, 그 자금을 마련하기 위해 기업들은 주식을 발행해요. 주식을 갖는다는 것은 한마디로 그 회사의 주인이 된다는 뜻이에요. 그래서 회사에 중요한 일이 있을 때면 주주 총회를 열어 주주들의 뜻을 묻는 거예요. 물론 모두가 동등한 권리를 갖는 건 아니고 1주를 가지면 1주만큼의 권리와 의무가, 100주를 가지면 100주만큼의 권리와 의무가 주어지지요.

채권   주식

작가의 말

 금융이란 돈을 필요로 하는 사람에게 공급하여 경제 활동을 이루어지게 하는 모든 일을 의미합니다. 사람들을 돕기 위해 만든 것이지만 실제로 모든 이가 그 혜택을 고루 받기는 쉽지 않아요. 게다가 워낙 제도가 복잡하고 금융적인 도움을 받으려면 준비해야 하는 것도 많아서, 사회적 약자가 금융의 혜택을 받기란 더더욱 힘든 일이지요. 쉬운 예로 은행에서 돈을 빌릴 때, 부자는 이자를 덜 내고 돈을 더 많이 빌릴 수 있지만 가난한 사람은 이자를 더 내고 돈도 조금밖에 빌릴 수 없어요. 왜 그런 것일까요? 그건 바로 기업인 이상 이익을 내야 하기 때문이죠.

 그렇다면 금융이 진정 나아가야 할 방향은 무엇일까요? 이 책은 이 질문에 대한 정답은 아니지만 생각할 거리를 던져 주고 있어요. 바로 돈이 가치 있게 돌고 쓰이면, 사회적 약자들이 다시 일어설 수 있음을 보여 준답니다. 또 금융이 환경을 보호하는 데도 일정 역할을 해내고, 사회를 변화시키는 힘이 되는 모습도 알려 주지요.

물론 이 책에서 소개하는 금융에는 한계가 있어요. 규모가 작기 때문이죠. 금융은 기업을 키우고 산업을 성장시키는 역할도 하는데, 이런 역할을 해내기에는 규모가 작은 금융이라서 조금 무리가 있어요.

그런데도 우리가 이런 금융에 대해서 알아야 하는 이유는 이 모든 행동이 돈으로 계산할 수 없을 정도로 가치 있기 때문이에요. 큰 이익을 내지 못해도, 사회에 아주 작은 영향만을 끼칠지라도, 규모가 크지 않아도 얼마든지 세상을 따뜻하게 바꿀 수 있음을 보여주고 있으니까요. 이익과 손해를 칼같이 따지는 세상에서 이런 금융의 존재만으로도 세상은 조금씩 변화할 수 있습니다.

그럼 지금부터 세상을 따뜻하게 만드는 금융 이야기 속으로 함께 떠나 볼까요?

2022년 7월
김연희